21世纪高职高专财经类系列教材

基础会计
实训与练习

主 编 田玉兰 郭晓红
副主编 周 峰 赵 红

中国金融出版社

责任编辑：彭元勋　王　梅
责任校对：李俊英
责任印制：张　莉

图书在版编目（CIP）数据

基础会计实训与练习（Jichu Kuaiji Shixun yu Lianxi）/田玉兰，郭晓红主编．—北京：中国金融出版社，2007.5
（21世纪高职高专财经类系列教材）
ISBN 978-7-5049-4326-2

Ⅰ．基…　Ⅱ．①田…②郭…　Ⅲ．会计学—高等学校：技术学校—教学参考资料　Ⅳ．F230

中国版本图书馆CIP数据核字（2007）第027923号

出版
发行　中国金融出版社
社址　北京市丰台区益泽路2号
市场开发部　（010）63272190，66070804（传真）
网上书店　http://www.chinafph.com
（010）63286832，63365686（传真）
读者服务部　（010）66070833，82672183
邮编　100071
经销　新华书店
印刷　北京华正印刷有限公司
尺寸　170毫米×228毫米
印张　11.25
字数　212千
版次　2007年5月第1版
印次　2010年1月第4次印刷
印数　15001—20000
定价　17.50元
ISBN 978-7-5049-4326-2/F.3886

前　言

《基础会计实训与练习》是与《基础会计》教材相配套的辅助性教材，每章内容由实训指导和实训练习、参考答案三部分内容组成。实训指导由本章主要内容和本章重点、难点组成，实训练习包括思考题、单项选择题、多项选择题、判断题、实务题、案例题五类题型。编写本书的目的，是为了帮助读者理解和掌握教材的内容，理清头绪，启迪思维，增加练习，模拟实训，以满足高职教学的需要。

本书由哈尔滨高等金融专科学校的田玉兰、吕超，福建金融职业技术学院的郭晓红、徐青，山东轻工业学院金融职业学院的周峰，广东工贸职业技术学院的赵红共同编写。田玉兰、郭晓红任主编，周峰、赵红任副主编。具体编写分工是：徐青撰写第一章，吕超撰写第二章，郭晓红撰写第三章、第七章，田玉兰撰写第四章、第九章，赵红撰写第五章、第八章，周峰撰写第六章、第十章。郭晓红总纂定稿。

本书的编辑出版得到了中国金融出版社的大力支持。由于编写时间仓促，编者水平有限，如发现疏漏，敬请海涵。

编　者

2007 年 3 月

目录

高职高专财经类系列教材

第一章

总　论

第一部分　实训指导

一、本章主要内容

- 会计概述
  - 会计的产生与发展
  - 会计的职能
    - 会计的核算职能
    - 会计的监督职能
  - 会计的概念
    - 会计是什么——会计定义
    - 会计干什么——会计职业

- 会计要素
  - 资产
  - 负债
  - 所有者权益
  - 收入
  - 费用
  - 利润

- 会计核算的基本前提
  - 会计主体
  - 持续经营
  - 会计分期
  - 货币计量
  - 权责发生制

会计核算的一般原则
- 客观性原则
- 相关性原则
- 明晰性原则
- 可比性原则
- 实质重于形式原则
- 重要性原则
- 谨慎性原则
- 及时性原则

会计方法
- 设置会计科目和账户
- 复式记账
- 填制和审核凭证
- 登记账簿
- 成本计算
- 财产清查
- 编制会计报表

二、本章重点、难点

会计的职能是指会计在经济管理过程中所具有的功能。会计的基本职能包括两个方面：核算职能与监督职能。该两项基本会计职能是相辅相成、辩证统一的关系。会计核算是会计监督的基础，没有核算所提供的各种信息，监督就失去了依据；而会计监督又是会计核算质量的保障，只有核算、没有监督，就难以保证核算所提供信息的真实性、可靠性。

会计要素，是会计对象进行的基本分类，是设定会计报表结构和内容的依据，也是进行确认和计量的依据。对会计要素加以严格的定义，就能为会计核算奠定坚实的基础。会计要素主要包括资产、负债、所有者权益、收入、费用和利润。其中资产、负债和所有者权益是反映企业财务状况的会计要素，收入、费用和利润是反映企业经营成果的会计要素。

会计核算的基本前提是对会计核算所处的时间、空间环境所作的合理假定。会计核算对象的确定、会计政策的选择、会计数据的收集都要以这一系列的基本前提为依据。会计核算的基本前提包括：会计主体、持续经营、会计分期、货币计量。

会计核算的一般原则是进行会计核算的指导思想和衡量会计工作成败的标

准，具体包括客观性、可比性、相关性、及时性、明晰性、谨慎性原则、重要性原则、实质重于形式原则等。

会计的核算方法主要包括下列七个专门方法：设置会计科目和账户、复式记账、填制和审核凭证、登记账簿、成本计算、财产清查和编制会计报表。该七种专门方法，并不是各自孤立地存在的，而是相互联系、密切配合的。这些方法的有机结合就构成了一个科学的、完整的会计核算方法体系。企业发生经济业务时，先从审核和填制凭证入手，然后再按规定的账户运用复式记账方法，在有关账簿里进行登记。月终，根据账簿中记载的资料，进行成本计算、财产清查。在账证相符、账实相符的基础上编制会计报表。这些专门方法是一个完整的相互联系的体系，任何一个方面没有做好，都会影响会计核算工作的质量，最后影响提供会计信息的质量。

第二部分 实训练习

一、思考题

1. 如何理解会计是基于管理经济活动的客观需要而产生，并随着生产力和管理科学的发展而发展？

2. 如何理解会计的概念？你觉得怎样给会计下定义更合适？为什么？

3. 会计对象、会计要素、会计内容有何区别与联系？

4. 会计核算的基本前提条件有哪些？设定这些前提条件有何意义？

5. 会计核算的一般原则可分为哪几类？各包括哪些内容？

6. 会计核算的方法有哪些？为什么说会计核算方法是一个完整的方法体系？

二、单项选择题（从每小题的备选答案中选出一个正确答案，并将正确答案的序号填入括号内）

1. 会计活动从生产活动中分离出来，成为独立的会计活动，是在（　　）。

A. 出现剩余产品之后　　B. 出现商品经济之后

C. 出现复式簿记之后　　D. 出现国家、阶级之后

2. 会计从数量上反映经济活动的主要计量单位是（　　）。

A. 劳动量度　　B. 货币量度

C. 实物量度　　D. 实物和货币量度

3. 会计的基本职能是（　　）。

A. 反映和观念总结　　B. 控制和监督
C. 核算和监督　　D. 预测和决策

4. 会计主体是指会计所服务的（　　）。

A. 投资者　　B. 债权人
C. 债务人　　D. 特定单位

5. 可使会计原则建立在非清算的基础之上，从而为解决很多常见的资产计价和收益确认问题提供了基础的会计核算的基本前提是（　　）。

A. 会计主体　　B. 持续经营
C. 会计分期　　D. 货币计量

6. 在编制资产负债表时，将公司经理的个人财产与企业的财产放在一起，违背了（　　）。

A. 客观性原则　　B. 相关性原则
C. 重要性原则　　D. 会计主体假设

7. 会计对象在企业中具体表现为（　　）。

A. 会计科目　　B. 会计要素
C. 各种经济业务　　D. 以货币表现的经济业务

8. 会计主体对会计工作范围从（　　）上进行了界定。

A. 时间　　B. 内容
C. 空间　　D. 空间和时间

9. 会计分期是从（　　）引申出来的。

A. 会计主体　　B. 权责发生制
C. 会计目标　　D. 持续经营

10. 强调不同企业会计信息横向可比的会计核算原则是（　　）。

A. 相关性　　B. 可比性
C. 一贯性　　D. 历史成本

11. 将企业的劳动资料划分为固定资产和低值易耗品分别进行核算是（　　）的具体体现。

A. 客观性原则　　B. 可比性原则
C. 谨慎性原则　　D. 重要性原则

12. “会计方法一经确定，不得随意变更，如有变更，应在财务报告中说明理由及其对财务状况和经营成果所造成的影响。”这是会计核算的（　　）的要求。

A. 重要性原则　　B. 可比性原则

C. 一贯性原则　　　　　　D. 相关性原则

13. 要求企业会计人员进行会计核算时必须以实际发生的经济业务及证明经济业务发生的合法凭证为依据，如实反映财务状况和经营成果的是（　　）会计核算原则。

A. 历史成本　　　　　　B. 客观性

C. 明晰性　　　　　　D. 一贯性

三、多项选择题（从每小题的备选答案中选出至少两个正确答案，并将正确答案的序号填入括号内）

1. 会计的基本职能是（　　）。

A. 控制职能　　　　　　B. 核算职能

C. 考核职能　　　　　　D. 监督职能

2. 下列会计核算的一般原则中，属于起修正作用的会计原则有（　　）。

A. 谨慎性原则　　　　　　B. 重要性原则

C. 配比原则　　　　　　D. 历史成本原则

E. 可比性原则

3. 按照国际惯例，结合我国的情况，企业在组织会计核算时，应以下列条件为前提（　　）。

A. 会计原则　　　　　　B. 会计主体

C. 持续经营　　　　　　D. 货币计量

E. 会计分期

4. 下列项目属于会计核算方法的有（　　）。

A. 财产清查　　　　　　B. 设置会计科目

C. 复式记账　　　　　　D. 凭证和账簿

E. 会计分析

5. 下列组织可以作为一个会计主体进行会计核算的有（　　）。

A. 独资企业　　　　　　B. 企业的销售部门

C. 分公司　　　　　　D. 子公司

6. 下列各项中，属于反映企业经营成果的会计要素的有（　　）。

A. 收入　　　　　　B. 费用

C. 所有者权益　　　　　　D. 利润

7. 资产应具备的特征有（　　）。

A. 资产由企业过去的交易或事项形成

B. 必须是投资者投入的

C. 资产由企业拥有或控制的

D. 资产预期能为企业带来经济利益

8. 下列各项中，属于负债的基本特征有（　　　）。

A. 负债是由现在的交易或事项引起的偿债义务

B. 负债是由过去的交易或事项引起的偿债义务

C. 负债是由将来的交易或事项引起的偿债义务

D. 负债将减少企业未来的资源

9. 下列项目中，属于所有者权益的有（　　　）。

A. 预提费用　　B. 无形资产

C. 实收资本　　D. 盈余公积

10. 下列各项中，属于反映企业财务状况的会计要素有（　）。

A. 资产　　B. 负债

C. 所有者权益　　D. 费用

11. 收入是企业在日常活动中产生的经济利益的总流入。下列各项中，属于收入的有（　　　）。

A. 商品销售收入　　B. 提供劳务收入

C. 销售原材料收入　　D. 出租固定资产收入

12. 下列各资产中，属于企业流动资产的有（　　　）。

A. 现金　　B. 短期投资

C. 存货　　D. 房屋建筑物

13. 下列负债中，属于企业流动负债的有（　）。

A. 应交税金　　B. 预收货款

C. 预提费用　　D. 预付账款

14. 下列支出中，（　　　）属于资本性支出。

A. 机器设备的购置费　　B. 购买办公室用品的费用

C. 机器设备的安装费　　D. 房屋、建筑物的构建支出

四、判断题（正确的在括号内打√，错误的在括号内打×）

1. 会计是社会生产力和生产关系发展到一定阶段的产物，是基于管理经济活动的客观需要而产生的，并随着生产力和管理科学的发展而发展。由此，经济越发展，会计越重要。（　　）

2. 会计职业与经济发展水平有着密切的关系，经济越发达，则会计工作领

域越宽广，会计工作的内容也越丰富。（ ）

3. 会计的对象应当包括社会经济活动的所有方面。（ ）

4. 某一财产物资要成为企业的资产，其所有权必须属于企业。（ ）

5. 会计核算只能以货币作为计量单位。（ ）

6. 货币计量包含着币值稳定的假设。（ ）

7. 会计核算以人民币为记账本位币。业务收支以外币为主的企业，也可以选择某种外币作为记账本位币，但编报的财务会计报告应折合为人民币反映。（ ）

8. 会计主体与法律主体不完全对等，法律主体可作为会计主体，但会计主体不一定是法律主体。（ ）

9. 某企业在新的会计年度改变了原来的会计程序和会计处理方法，这是违背了可比性原则。（ ）

10. 某项会计事项是否重要，在很大程度上取决于会计人员的职业判断。某一会计事项不一定在所有企业都重要，也不一定在所有企业都不重要。（ ）

11. 实质重于形式原则中的形式是指法律形式，实质是指经济实质。（ ）

12. 谨慎性原则要求企业既要合理核算可能取得的收入，也要合理估计可能发生的费用和损失，以满足客观性原则的要求。（ ）

13. 一贯性原则强调的是一个会计主体不同时期的纵向可比性，而可比性原则强调的是不同的会计主体之间的横向可比。（ ）

第三部分 参考答案

二、单项选择题

1.A 2.B 3.C 4.D 5.B 6.D 7.D
8.C 9.D 10.B 11.D 12.C 13.B

三、多项选择题

1.BD 2. AB 3.BCDE 4.ABCD 5.ABCD
6.ABD 7.ACD 8.BD 9.CD 10.ABC
11.ABCD 12.ABC 13.AB 14.ACD

四、判断题

1.√ 2.√ 3.× 4.× 5.× 6.√ 7.√ 8.√
9.× 10.√ 11.√ 12.√ 13.√

第二章

会计科目与账户

第一部分　实训指导

一、本章主要内容

会计等式
- 静态等式
- 动态等式

会计科目按内容分类
- 资产类会计科目
- 负债类会计科目
- 所有者权益类会计科目
- 成本类会计科目
- 损益类会计科目

科目按详细程度
- 总分类科目
- 明细分类科目

账户结构按经济内容
- 资产类账户结构
- 负债类账户结构
- 所有者权益类账户结构
- 成本类账户结构
- 损益类账户结构

账户按详细程度$\begin{cases}\text{总分类账户}\\\text{明细分类账户}\end{cases}$

二、本章重点、难点

会计恒等式也称会计平衡公式，它是反映会计对象各要素之间数量关系的表达式，也是会计核算建立复式记账的理论基础。

任何企业要进行生产经营活动，都必须拥有一定数量和质量的能给企业带来经济利益的经济资源，如房屋、设备、现金等，这些经济资源在会计上称为“资产”。企业的这些资产不可能凭空形成，必须有其提供者。企业最初资产的提供者不外乎两个方面：一是由企业债权人提供，即借款人；二是由企业所有者提供，即投资人。债权人和所有者将其拥有的资金提供给企业使用，就应该相应地对企业的资产享有一种要求权，这种对资产的要求权在会计上称为“权益”。资产表明企业拥有什么经济资源和拥有多少经济资源，权益表明经济资源的来源渠道，即谁提供了这些经济资源。资产与权益是同一事物的两个不同侧面，两者相互依存，不可分割，没有无资产的权益，也没有无权益的资产。因此，资产和权益两者在数量上必然相等，资产和权益这种在量上的相等关系，用数学表达式可表示如下：

资产 = 权益

企业的资产主要来源于企业的债权人和所有者，所以，权益又分为债权人权益和所有者权益，在会计上称债权人权益为负债，这样，上述等式就可变换为：

资产 = 债权人权益 + 所有者权益

= 负债 + 所有者权益

经济业务，通常是指企业在进行生产经营活动过程中发生的、能引起会计要素发生增减变化的事项，也称会计事项或交易事项。企业在生产经营过程中，发生的经济业务是纷繁复杂、多种多样的，但是资产和权益的平衡关系是客观存在的，它不受经济业务变化的影响，即在企业生产经营活动中无论资产和权益如何变化，都破坏不了资产与权益之间的平衡关系。将业务具体化，可表现为九种情况：

1. 资产项目此增彼减，增减金额相等，会计等式保持平衡；
2. 负债项目此增彼减，增减金额相等，会计等式保持平衡；
3. 所有者权益项目此增彼减，增减金额相等，会计等式保持平衡；
4. 负债项目增加，所有者权益项目减少，增减金额相等，会计等式保持平衡；

5. 所有者权益项目增加，负债项目减少，增减金额相等，会计等式保持平衡；

6. 资产增加，负债增加，增加金额相等，会计等式保持平衡；

7. 资产增加，所有者权益增加，增加金额相等，会计等式保持平衡；

8. 资产减少，负债减少，减少金额相等，会计等式保持平衡；

9. 资产减少，所有者权益减少，减少金额相等，会计等式保持平衡。

为了正确使用会计科目，应按一定的标准对会计科目进行分类。会计科目的分类方法一般有下列几种：

1. 按其核算的经济内容分类。每个会计科目的经济内容是不同的，会计科目按其反映的经济内容，可以分为五大类：资产类，负债类，所有者权益类，成本类和损益类。

2. 按其提供核算指标的详细程度分类。会计科目按其提供核算指标的详细程度，可分为总分类科目和明细分类科目。

按不同的标准对账户分类，可以从不同的角度认识账户。会计账户分类标准一般有按提供信息详细程度分类、按经济内容分类。

1. 会计账户按提供信息详细程度分类，可分为总分类科目和明细分类科目。

总分类账户亦称总账账户或一级账户，它是对会计要素的具体内容进行总括分类的会计账户，是进行总分类核算的依据，所提供的是总括指标或信息，因而一般只用货币计量。

明细分类账户也称明细账，是对总分类账户核算内容再作进一步详细分类的会计账户，它提供详细的信息。因而，明细分类账户除用货币量度外，有的还用实物量度（吨、千克、件、台等）。

2. 会计账户按经济内容分类。可分为资产类、负债类、所有者权益类、收益类、成本类和费用损失类等六大类。

第二部分　实训练习

一、思考题

1. 经济业务发生有哪些变化类型？对会计等式的影响如何？

2. 什么是会计科目？它分为几类？

3. 设置会计科目应遵循哪些原则？

4. 什么是账户？它与会计科目的关系是什么？

5. 账户的基本结构是什么？

二、单项选择题（从每小题的备选答案中选出一个正确答案，并将正确答案的序号填入括号内）

1. 账户结构通常分为（　　）。

A. 左右两方　　B. 上下两部分

C. 发生额、余额两部分　　D. 前后两部分

2. 会计科目是（　　）。

A. 会计要素的名称　　B. 会计报表的项目名称

C. 账簿的名称　　D. 会计账户的名称

3. 下列账户中与“实收资本”同属一类的是（　　）。

A. 资本公积　　B. 固定资产

C. 银行存款　　D. 主营业务收入

4. 按经济内容分类，“资本公积”账户属于（　　）账户。

A. 资本类　　B. 资产类

C. 所有者权益类　　D. 负债类

5. 企业以银行存款偿还所欠购货款，属于（　　）类型变化业务。

A. 资产项目之间此增彼减　　B. 权益项目的此增彼减

C. 资产项目和权益项目同增　　D. 资产项目和权益项目同减

6. 下列经济业务发生不会使会计等式两边总额发生变化的有（　　）。

A. 收到应收账款存入银行

B. 从银行取得借款存入银行

C. 收到投资者以固定资产所进行的投资

D. 以银行存款偿还应付账款

7. 下列经济业务发生后，使资产和权益项目同时增加的是（　　）。

A. 生产产品领用材料

B. 以现金发放职工工资

C. 收到购买单位预付的购货款存入银行

D. 以资本公积转增资本

8. 某企业本期期初资产总额为 1 500 000 元，本期期末负债总额减少了 200 000元，所有者权益比期初增加了 400 000 元，该企业本期期末资产总额是（　　）元。

A. 1 300 000　　B. 1 700 000

C. 1 900 000　　D. 1 500 000

9. 总分类账户可以不设置明细分类账户是（　　）。

A. 应交税费　　B. 所得税费用
C. 原材料　　D. 实收资本

10. 核算资产的账户是（　　）。
A. 短期借款　　B. 实收资本
C. 现金　　D. 生产成本

三、多项选择题（从每小题的备选答案中选出至少两个正确答案，并将正确答案的序号填入括号内）

1. 下列经济业务发生，使资产与权益项目同时减少的有（　　）。
A. 收到短期借款存入银行　　B. 以银行存款偿还应付账款
C. 以银行存款支付预提费用　　D. 以现金发放工资

2. “资产 = 负债 + 所有者权益”这一会计等式是（　　）的理论依据。
A. 设置账户　　B. 复式记账
C. 编制资产负债表　　D. 成本计算

3. 下列项目中，不会使“资产 = 负债 + 所有者权益”这一会计等式两边总额发生变动的是（　　）。
A. 资产内部项目有增有减
B. 资产某项目减少与权益某项目增加
C. 资产方某项目增加而另一项目减少
D. 权益方某一项目增加而另一项目减少

4. 账户的基本结构，一般应包括的内容有（　　）。
A. 账户名称　　B. 日期和摘要
C. 凭证种类和号数　　D. 增加、减少的金额及余额

5. 下列各项中，符合我国会计制度统一规定会计账户名称的是（　　）。
A. 现金　　B. 固定资产
C. 存货　　D. 专利权

6. 会计账户按提供指标详细程度可分为（　　）。
A. 总分类账户　　B. 明细分类账户
C. 资产类账户　　D. 调整类账户

7. 下列账户属于所有者权益账户的有（　　）。
A. 资本公积　　B. 应付股利
C. 盈余公积　　D. 实收资本

8. 下列账户属费用账户的有（　　）。

A. 营业费用　　B. 财务费用

C. 管理费用　　D. 待摊费用

9. 下列账户属于资产账户的有（　　）。

A. 无形资产　　B. 应收票据

C. 原材料　　D. 银行存款

10. 下列账户属于收入账户的有（　　）。

A. 主营业务收入　　B. 投资收益

C. 本年利润　　D. 其他业务收入

11. 下列账户属于负债账户的有（　　）。

A. 管理费用　　B. 应交税费

C. 应付债券　　D. 应收账款

四、判断题（正确的在括号内打√，错误的在括号内打×）

1. 不论发生什么样的经济业务，会计等式两边会计要素总额的平衡关系都不会被破坏。（　　）

2. 会计等式揭示了会计要素之间的联系，因而它是设置账户、复式记账和编制会计报表等会计核算方法建立的理论依据。（　　）

3. 在任何地点，不但资产总额和权益总额保持相等，而且资产项目与权益项目也始终保持着一一对应的关系。（　　）

4. 总分类账户是进行总分类核算的依据，所提供的是总括指标或信息，因而除用货币量度外，也可用实物量度。（　　）

5. 在我国，企业的总分类账户和明细分类账户都应根据国家所制定的有关会计制度设置。（　　）

6. 所有账户的左边均记录增加额，右边均记录减少额。（　　）

7. 按经济内容分类，“生产成本”账户属于成本类账户，但期末若有余额时，该账户也具有资产的性质。（　　）

8. “资产 = 负债 + 所有者权益”的会计等式是复式记账和试算平衡的理论依据。（　　）

9. 通常，各类账户的期末余额与记录增加额的一方在同一方向。（　　）

10. 会计等式表明：有一定数额的资产，就必然有相等数额的所有者权益。（　　）

11. 在实际工作中，会计科目与账户往往互相通用，从理论上讲两者没有区别。 ( )

12. 企业可以根据管理工作的需要，自行设置和使用会计科目。( )

五、实务题

练习一

一、目的：划分会计要素，熟悉会计等式。

二、资料：新华公司 200×年 10 月 31 日有关资料如下：

1. 出纳保管的现金 1 500 元。
2. 存放在银行里的款项 120 000 元。
3. 从银行借入 3 个月的款项 100 000 元。
4. 仓库中存放的原材料 519 000 元。
5. 仓库里存放的已完工产品 75 500 元，正在加工中的产品 194 000 元。
6. 应付外单位货款 150 000 元。
7. 向银行借入 3 年以上的借款 180 000 元。
8. 房屋及建筑物 1 420 000 元。
9. 所有者投入的资本 3 300 000 元。
10. 机器设备 2 300 000 元。
11. 应收外单位货款 250 000 元。
12. 本年累计实现的净利润 420 000 元。
13. 以前年度实现的未分配利润 550 000 元。
14. 购买的专利 350 000 元。
15. 提取的盈余公积 530 000 元。

三、要求：判断上列资料中各项目所属的会计要素，并将各项目的金额一并填入下表中计算表内。验算资产总额、负债总额、所有者权益总额是否符合“资产 = 负债 + 所有者权益”这一基本会计等式。

单位：元

业务序号	会计要素及金额		
	资产	负债	所有者权益
1			
2			

续表

业务序号	会计要素及金额		
	资产	负债	所有者权益
3 4 ⋮ ⋮			
合计			

练习二

一、目的：熟悉经济业务类型。

二、资料：海河公司200×年8月31日资产总额为780 000元，9月份发生下列经济业务：

1. 收到甲投资者交来转账支票一张，金额200 000元，作为其追加投资。
2. 购入设备一批，支付价款130 000元。
3. 向大众工厂赊购材料一批，价值12 000元。
4. 收回销货款68 000元存入银行。
5. 归还银行短期借款10 000元。
6. 支付给甲投资者应得的现金股利1 000元。
7. 以银行存款28 000元上缴税金。
8. 接受捐赠设备一台，价值30 000元。
9. 经批准，将40 000元盈余公积金转增资本。
10. 销售商品取得收入50 000元存入银行。

三、要求：分析上述经济业务，说明其分别属于哪种经济业务类型及对资产总额、会计等式的影响。

练习三

一、目的：练习经济业务的发生对会计恒等式的影响。

二、资料：200×年1月1日，A公司有关账户的借方余额如下：

1. 现金1 000元，银行存款100 000元，应收账款10 000元，库存商品100 000元，固定资产200 000元。

2. 200×年1月1日，A公司有关账户的贷方余额如下：

银行借款10 000元，应付账款100 000元，预提费用10 000元，实收资本

200 000元，资本公积70 000元，未分配利润1 000元，累计折旧20 000元。

3.200×年1月1日至12月31日发生如下经济业务：

（1）从银行提取现金3 000元。

（2）销售商品一批，售价100 000元，成本80 000元，款项未收。

（3）向银行借款10 000元，存入银行。

（4）采购商品30 000元，其中用银行存款支付10 000元，余下20 000元尚未支付。

（5）预提利息费用2 000元。

（6）提取折旧20 000元（假如全部计入管理费用）。

（7）以现金形式收回以前年度应收账款5 000元。

（8）以银行存款支付以前年度应付账款50 000元。

（9）以银行存款支付预提的利息费用5 000元。

三、要求：

1. 利用期初余额试验会计恒等式“资产 = 负债 + 所有者权益”是否成立。

2. 计算A公司200×年12月31日各账户的期末余额（假设尚未进行损益结转）。

3. 利用2的数据，试验综合会计恒等式“资产 + 费用 = 负债 + 所有者权益 + 收入”是否成立。

练习四

一、目的：分析会计账户的名称及其所属的会计要素。

二、资料：中华公司200×年6月30日有关财务内容如下：

1. 由出纳人员保管的款项500元。
2. 存放在银行的款项140 000元。
3. 从银行借入6个月的款项180 000元。
4. 仓库中存放的材料380 000元。
5. 仓库中存放的已完工产品60 000元。
6. 正在加工中的在产品75 000元。
7. 向银行借入1年以上期限的借款720 000元。
8. 房屋及建筑物2 400 000元。
9. 所有者投入的资本2 360 000元。
10. 机器设备750 000元。
11. 应收外单位的货款125 000元。

12. 应付给外单位的材料款 120 000 元。
13. 以前年度积累的未分配利润 220 000 元。
14. 欠交的税金 60 000 元。
15. 采购员预借的差旅费 4 500 元。
16. 本月实现的利润 140 000 元。
17. 运输部门运货用的卡车 80 000 元。
18. 专利权一项 220 000 元。
19. 提取的职工福利费 100 000 元。
20. 客户预付的购货款 150 000 元。
21. 欠投资者的利润 200 000 元。
22. 以前年度提取的盈余公积 120 000 元。

三、要求：

1. 判断上列各财务事项的账户名称及所属的会计要素。
2. 计算该公司的资产总额、负债总额和所有者权益总额。

六、案例题

大华公司是一家从事商品流通的企业，公司的财务主管在设置账户的时候，根据《企业会计制度》统一性的规定，设置了“生产成本”、“制造费用”等反映生产耗费的账户。

1. 大华公司有没有必要设置“生产成本”、“制造费用”等账户？
2. 这种设置账户的方法违背了什么原则？

第三部分　参考答案

二、单项选择题

1.A　2.D　3.A　4.C　5.D　6.A　7.C　8.B　9.B　10.C

三、多项选择题

1.BCD　2.ABC　3.ACD　4.ABCD　5.AB　6.AB　7.ACD　8.ABC　9.ABCD　10.ABD　11.BCD

四、判断题

1.√ 2.√ 3. × 4. × 5. × 6. × 7.√ 8.√
9.√ 10. × 11. × 12.√

五、实务题

练习一

资产、负债及所有者权益状况表

单位：元

业务序号	会计要素及金额		
	资产	负债	所有者权益
1	1 500		
2	120 000		
3		100 000	
4	519 000		
5	194 000		
6	75 500		
7		150 000	
8		180 000	
9	1 420 000		
10			3 300 000
11	2 300 000		
12	250 000		
13			420 000
14			550 000
15	350 000		
16			530 000
合 计	5 230 000	430 000	4 800 000

资产总额（5 230 000）= 负债总额（430 000）+ 所有者权益总额(4 800 000),符合会计的基本等式。

练习二

1. 资产和权益同时增加，资产总额为 980 000 元（780 000 + 200 000），会计等式保持平衡。

2. 资产一方有增有减，资产总额不变，会计等式保持平衡。

3. 资产和权益（负债）同时增加，资产总额为 992 000 元（980 000 + 12 000），会计等式保持平衡。

4. 资产一方有增有减，资产总额不变，会计等式保持平衡。

5. 资产和权益（负债）同减，资产总额为 982 000 元（992 000 – 10 000），会计等式保持平衡。

6. 资产和权益（负债）同减，资产总额为 981 000 元（982 000 – 1 000），会计等式保持平衡。

7. 资产和权益（负债）同减，资产总额为 953 000 元（981 000 – 28 000），会计等式保持平衡。

8. 资产和权益同时增加，资产总额为 983 000 元（953 000 + 30 000），会计等式保持平衡。

9. 所有者权益一方有增有减，资产总额不变，会计等式保持平衡。

10. 资产和权益同时增加，资产总额为 1 033 000 元（983 000 + 50 000），会计等式保持平衡。

练习三

1. 资产总额 391 000（1 000 + 100 000 + 10 000 + 100 000 + 200 000 – 20 000）= 负债总额 120 000（10 000 + 100 000 + 10 000）+ 所有者权益总额 271 000（200 000 + 70 000 + 1 000），会计恒等式成立。

2. A 公司 200×年 12 月 31 日各账户期末余额如下：

现金：9 000 元，银行存款：42 000 元，应收账款：105 000 元，
库存商品：50 000 元，固定资产：200 000 元，银行借款：20 000 元，
应付账款：70 000 元，预提费用：7 000 元，实收资本：200 000 元，
资本公积：70 000 元，未分配利润：1 000 元，累计折旧：40 000 元，
财务费用：2 000 元，管理费用：20 000 元，主营业务收入：100 000 元，
主营业务成本：80 000 元。

3. 资产总额 366 000（9 000 + 42 000 + 105 000 + 50 000 + 200 000 – 40 000）+ 费用总额 102 000（2 000 + 20 000 + 80 000）= 负债总额 97 000（20 000 + 70 000 + 7 000）+ 所有者权益总额 271 000（200 000 + 70 000 + 1 000）+ 收入总额 100 000（100 000），综合会计恒等式成立。

练习四

1. 现金，资产类。2. 银行存款，资产类。3. 短期借款，负债类。4. 原材料，资产类。5. 库存商品，资产类。6. 生产成本，资产类。7. 长期借款，负债类。8. 固定资产，资产类。9. 实收资本，所有者权益类。10. 固定资产，资产类。11. 应收账款，资产类。12. 应付账款，负债类。13. 利润分配，所有者权益类。14. 应交税费，负债类。15. 其他应收款，资产类。16. 本年利润，所有者权益类。17. 固定资产，资产类。18. 无形资产，资产类。19. 应付职工薪酬，负债类。20. 预收账款，负债类。21. 应付股利，负债类。22. 盈余公积，所有者权益类。

2. 该公司的资产总额：

4 235 000（380 000 + 60 000 + 75 000 + 2 400 000 + 750 000 + 125 000 + 4 500 + 80 000 + 220 000）

该公司的负债总额：

1 395 000（180 000 + 720 000 + 120 000 + 60 000 + 100 000 + 15 000 + 200 000）

该公司的所有者权益总额：

2 840 000（2 360 000 + 220 000 + 140 000 + 120 000）

六、案例题

1. 该公司没有必要设置“生产成本”、“制造费用”等反映生产耗费的账户。

2. 该公司设置这样的账户违背了账户设置要做到统一性和灵活性相结合的原则，账户设置既要全面反映会计核算的内容，又必须体现行业会计主体的业务特征。

根据不同行业经济业务的不同性质和特征，有针对性地设置，不能千篇一律。商品流通企业以商品买卖作为主要经营业务，它不生产产品，所以没有必要设置“生产成本”、“制造费用”等反映生产耗费的账户，应设置反映商品买卖过程的账户。

第三章

复式记账

第一部分　实训指导

一、本章主要内容

- 记账方法
  - 单式记账
  - 复式记账
    - 增减记账
    - 收付记账
    - 借贷记账

- 借贷记账法下账户结构
  - 资产类账户结构
  - 负债类账户结构
  - 所有者权益类账户结构
  - 成本类账户结构
  - 损益类账户结构
    - 收入类账户结构
    - 费用类账户结构

- 会计分录
  - 简单分录
  - 复合分录
    - 一借多贷
    - 一贷多借
    - 多借多贷

- 账户按详细程度
  - 总分类账户
  - 明细分类账户

二、本章重点、难点

从发展过程看，记账法经过了从单式记账法到复式记账法的过程。单式记账法是对每笔经济业务只在一个账户中进行登记，反映经济业务的一个方面，而对发生相互联系的另一方面不予反映的记账方法，是一种比较简单、不完善的记账方法。复式记账法是指对每笔经济业务，都以相等的金额，在两个或两个以上相互联系的账户中系统、全面地反映某一项经济业务的方法，是一种比较科学、完善的记账方法。复式记账法，按照记账符号、记账规则、试算平衡方法的不同可分为借贷记账法、增减记账法和收付记账法。

借贷记账法是根据复式记账法的原理，以“资产＝负债＋所有者权益”平衡关系为理论依据，以“借”、“贷”二字为记账符号，以“有借必有贷，借贷必相等”为记账规则，反映会计对象具体内容增减变化及其结果的一种复式记账方法。“借”、“贷”二字失去了原来的字面含义，而转化成一种记账符号，成为会计上的专门术语。

借贷记账法的账户结构是：每一账户的左方称“借方”，账户右方称“贷方”，账户的“借方”、“贷方”必然反映相反的增减变化，对一个账户而言，若账户的借方反映业务的增加额，则账户的贷方必然反映业务的减少额，若账户的贷方反映业务的增加额，则账户的借方必然反映业务的减少额，至于哪一方登记增加或减少，取决于账户所记录的经济内容。账户按其反映会计对象具体内容分为资产类账户、负债类账户、所有者权益类账户、成本类账户、损益类账户。

资产类账户的“借方”登记增加数，“贷方”登记减少数，其余额一般在“借方”，反映资产的结余数。负债账户的“贷方”登记增加数，“借方”登记减少数，其余额一般在“贷方”。所有者权益账户“贷方”登记增加数，“借方”登记减少数，其余额一般在“贷方”。成本类账户的“借方”记录成本费用的增加额，“贷方”记录成本费用的减少额或转出额，期末除“生产成本”账户有余额外，其余成本费用账户期末一般无余额。损益类账户是反映与损益的计算确定直接相关的账户，该类账户按其与损益组成内容的关系，可具体分为反映收入类账户和反映费用类账户。反映收入类账户的“借方”记录收入的减少额或结转额，“贷方”记录收入的增加额，通常情况下，这类账户一般没有期末余额。反映费用类账户“借方”记录费用支出的增加额，“贷方”记录费用支出的减少额或转出额，费用支出账户期末一般无余额。

会计分录采用借贷记账法记录每笔经济业务时，要求对每一项经济业务都要在两个或两个以上的账户中进行登记，这样在有关账户之间就形成了应借、应贷的关系，在会计上称为账户的对应关系，具有对应关系的账户叫做对应账户。按复式记账的要求标明每项经济业务的应借、应贷的名称及金额的记录，称为会计分录（简称分录）。一笔会计分录应包括三个方面的内容，即账户的名称（会计科目）、记账符号、金额。会计分录按其反映经济业务的复杂程度可分为简单分录和复合分录。简单分录是指一项经济业务发生后只涉及两个账户的变化，即“一借一贷”的分录。复合分录是指一项经济业务的发生，引起两个以上的账户发生变化，包括“一借多贷”、“一贷多借”、“多借多贷”三种形式。

试算平衡是根据借贷记账法的记账规则编制试算平衡表，检查过账正确与否的工作。平衡关系，可用下列公式表示：

1. 全部账户借方期初余额合计 = 全部账户贷方期初余额合计
2. 全部账户借方本期发生额合计 = 全部账户贷方本期发生额合计
3. 全部账户借方期末余额合计 = 全部账户贷方期末余额合计

第二部分　实训练习

一、思考题

1. 记账方法有几种？各有什么特点？
2. 什么是借贷记账法？它的记账规则是什么？
3. 什么是会计分录？分为几种类型？
4. 为什么既要设置总分类账户，又要设备明细分类账户？其相互关系如何？
5. 什么是平行登记？其要点是什么？

二、单项选择题（从每小题的备选答案中选出一个正确答案，并将正确答案的序号填入括号内）

1. 下列账户属于负债类账户的是（　　）。

A. 待摊费用　　B. 财务费用

C. 预提费用　　D. 预付账款

2. 下列账户属于资产类账户的是（　　）。

A. 预付账款　　B. 应交税费

C. 应付工资　　D. 应付票据

3. 下列账户中与所有者权益类资本科目“实收资本”同属一类的是（　　）。

A. 资本公积　　B. 固定资产

C. 银行存款　　D. 主营业务收入

4. 目前，我国企业所采用的记账方法，都是（　　）。

A. 单式记账法　　B. 借贷记账法

C. 增减记账法　　D. 收付记账法

5.（　　）是在复式记账法的要求下，在记账凭证中指明某项经济业务应借、应贷账户的名称和金额的记录。

A. 会计分录　　B. 会计摘要

C. 会计记录　　D. 会计说明

6. 复式记账法是指任何一笔经济业务都必须用相等的金额在两个或两个以上的有关账户中（　　）。

A. 一个记增加另一个记减少　　B. 两个都记增加

C. 两个都记减少　　D. 全面地、相互联系地进行登记

7. 在账户中，用“借方”和“贷方”登记资产和负债、所有者权益的增减数额，按照账户结构，概括地说是（　　）。

A.“借方”登记资产的增加和负债、所有者权益的减少；“贷方”反之

B.“借方”登记资产和负债、所有者权益的增加；“贷方”反之

C.“借方”登记资产和负债、所有者权益的减少；“贷方”反之

D.“借方”登记资产的减少和负债、所有者权益的增加；“贷方”反之

8. 下列会计分录中，属于简单会计分录的是（　　）。

A. 一借一贷　　B. 一贷多借

C. 一借多贷　　D. 多贷多借

9. 一般来说，一个账户的增加方发生额与该账户的期末余额都应该记在账户的（　　）。

A. 借方　　B. 贷方

C. 相同方向　　D. 相反方向

10. 总分类账户和明细分类账户必须采用（　　）的方法。

A. 等额登记　　B. 同方向登记

C. 同时登记　　D. 平行登记

三、多项选择题（从每小题的备选答案中选出至少两个正确答案，并将正确答案的序号填入括号内）

1. 在借方登记增加的账户有（　　）。

A. 资产账户　　B. 负债账户

C. 收入账户　　D. 费用账户

2. 下列关于试算平衡表的说法中正确的有（　　）。

A. 如果借贷不平衡，有错误

B. 如果借贷平衡，无错误

C. 它是通过借贷金额是否平衡来检查账户的记录是否正确

D. 试算平衡的结果，并不足以说明账簿的记录没有错误

3. 下列账户属于所有者权益账户的有（　　）。

A. 盈余公积　　B. 本年利润

C. 投资收益　　D. 其他应收款

E. 利润分配

4. 下列账户属费用账户的有（　　）。

A. 销售费用　　B. 财务费用

C. 管理费用　　D. 待摊费用

E. 利润分配

5. 下列账户属于资产账户的有（　　）。

A. 无形资产　　B. 应收票据

C. 原材料　　D. 银行存款

E. 固定资产

6. 下列账户属于所有者权益账户的有（　　）。

A. 资本公积　　B. 应付利润

C. 盈余公积　　D. 实收资本

E. 累计折旧

7. 下列账户属于收入账户的有（　　）。

A. 主营业务收入　　B. 投资收益

C. 本年利润　　D. 其他业务收入

E. 应收账款

8. 平行登记原则包括（　　）。

A. 等额登记　　B. 同方向登记

C. 同时登记　　D. 有借必有贷，借贷必相等

9. 关于复合会计分录，下列正确的说法有（　　）。

A. 涉及两个以上账户

B. 可能形成“一借多贷”对应关系

C. 可能形成“一贷多借”对应关系

D. 可能形成“多借多贷”对应关系

10. 下列账户属于负债账户的有（　　　）。

A. 管理费用　　　　B. 应交税费

C. 应付债券　　　　D. 应收账款

E. 应付职工薪酬

四、判断题（正确的在括号内打√，错误的在括号内打×）

1. 每个账户的借方、贷方在一定时期内登记的金额合计称为本期发生额。（　）

2. 借贷记账法的账户，其左方一律称为"借方"。（　）

3. "资产 = 负债 + 所有者权益"的会计等式是复式记账和试算平衡的理论依据。（　）

4. 明细分类账户和总分类账户的登记依据不同。（　）

5. 按记录方式不同，记账方法可分为单式记账法和复式记账法两大类。（　）

6. 记账法大约产生于18世纪的美国。（　）

7. 借贷记账法的基本内容，主要包括记账符号、账户设置、记账规则方法。（　）

8. 借贷记账法的记账规则是："有借必有贷，借贷必相等"。（　）

9. 不管是一借多贷，还是一贷多借，借贷方的金额肯定是相同的。（　）

10. 账户本期借方和贷方发生额合计一定相等。（　）

五、实务题

练习一

一、目的：练习账户的结构及账户金额的计算方法。

二、资料：森林公司200×年12月31日有关账户的资料如下：

单位：元

账户名称	期初余额		本期发生额		期末余额	
	借方	贷方	借方	贷方	借方	贷方
固定资产	3 500 000		220 000	10 000	（ ）	
银行存款	60 000		（ ）	80 000	78 000	
应付账款		86 000	72 000	60 000		（ ）
短期借款		45 000	（ ）	10 000		30 000
应收账款	（ ）		25 000	50 000	20 000	
实收资本		550 000		（ ）		620 000
其他应收款		35 000	25 000			（ ）

三、要求：根据账户期初余额、本期发生额和期末余额的计算方法，填列上表中括号内的部分。

练习二

一、目的：熟悉各类账户的登记方法。

二、资料：教师在黑板上列出下列内容：

① 资产类账户	
② 负债类账户	A. 增加记贷方，减少记借方，余额一般在贷方
③ 所有者权益类账户	B. 增加记借方，减少记贷方，余额一般在借方
④ 费用类账户	C. 增加记贷方，减少记借方，期末一般无余额
⑤ 收入类账户	D. 增加记借方，减少记贷方，期末一般无余额
⑥ 成本类账户	

三、要求：请你将左右两边相关内容用线连接起来。

练习三

一、目的：进一步掌握借贷记账法。

二、资料：A 公司 3 月份发生下列经济业务：

1. 偿还应付账款 10 000 元。
2. 向银行借入半年期借款 60 000 元。
3. 购买材料 12 000 元，款已付讫。
4. 收到客户所欠账款 105 000 元。

5. 购买设备价款 50 000 元，用银行存款支付 20 000 元，余款开出票据抵付。

6. 本月支付工资 45 000 元。

7. 本月份取得主营业务收入 153 500 元，均已存入银行存款户。

三、要求：根据上述各项经济业务编制会计分录。

练习四

一、目的：进一步掌握借贷记账法。

二、资料：7 月份该企业发生下列各项经济业务：

1. 购进材料一批，价值 10 000 元，材料验收入库，货款以银行存款支付。

2. 生产车间向仓库领用材料 40 000 元，全部投入产品生产。

3. 从银行提取现金 400 元。

4. 以银行存款购入新汽车一辆，计价 100 000 元。

5. 用银行存款偿还应付供货单位材料款 3 000 元。

6. 生产车间向仓库领用材料 25 000 元。

7. 收到购货单位前欠货款 3 000 元，存入银行。

8. 以银行存款 16 000 元，归还短期借款 12 000 元，归还应付供货单位货款 4 000 元。

9. 其他单位投入资本 20 000 元，存入银行。

10. 收到购货单位前欠货款 4 000 元，其中支票 3 600 元存入银行，另现金 400 元。

三、要求：根据资料用借贷记账法编制会计分录。

练习五

一、目的：通过账户对应关系，了解经济业务内容。

二、资料：× × 企业 200 × 年 7 月份有关账户记录如下：

借方	现金		贷方
期初余额	160		
（2）应收账款	100	（1）其他应收款	120
（4）银行存款	400	（6）银行存款	600
（9）银行存款	900	（10）原材料	160
（11）其他应收款	40	（12）应付账款	300
本期发生额	1 440	本期发生额	1 180
期末余额	420		

借方	银行存款		贷方
期初余额	16 800		
（2）应收账款	5 600	（4）现金	400
（3）固定资产	42 000	（5）其他应付款	6 020
（6）现金	600	（8）应付账款	28 600
（7）应收账款	20 620	（9）现金	900
（13）短期借款	10 000	（12）应付账款	1 700
（14）实收资本	30 000	（15）短期借款	24 000
		（16）固定资产	54 000
本期发生额	108 820	本期发生额	115 620
期末余额	10 000		

借方	应收账款		贷方
期初余额	30 800		
		（2）银行存款	5 600
		（2）现金	100
		（7）银行存款	20 620
本期发生额		本期发生额	26 320
期末余额	4 480		

借方　　其他应收款　　贷方

借方		贷方	
期初余额	0		
（1）现金	120	（11）原材料	80
		（11）现金	40
本期发生额	120	本期发生额	120
期末余额	0		

借方　　原材料　　贷方

借方		贷方	
期初余额	46 000		
（10）现金	160		
（11）其他应收款	80		
本期发生额	240	本期发生额	
期末余额	46 240		

借方　　生产成本　　贷方

借方		贷方	
期初余额	36 120		
本期发生额		本期发生额	
期末余额	36 120		

借方　　库存商品　　贷方

借方		贷方	
期初余额	19 120		
本期发生额		本期发生额	
期末余额	19 120		

借方　　固定资产　　贷方

借方		贷方	
期初余额	360 000		
（16）银行存款	54 000	（3）银行存款	42 000
本期发生额	54 000	本期发生额	42 000
期末余额	372 000		

短期借款

借方		贷方	
		期初余额	32 800
(15) 银行存款	24 000	(13) 银行存款	10 000
本期发生额	24 000	本期发生额	10 000
		期末余额	18 800

应付账款

借方		贷方	
		期初余额	56 600
(8) 银行存款	28 600		
(12) 银行存款	1 700		
(12) 现金	300		
本期发生额	30 600	本期发生额	
		期末余额	26 000

其他应付款

借方		贷方	
		期初余额	6 420
(5) 银行存款	6 020		
本期发生额	6 020	本期发生额	
		期末余额	400

实收资本

借方		贷方	
		期初余额	413 180
		(14) 银行存款	30 000
本期发生额		本期发生额	30 000
		期末余额	443 180

三、要求：根据上列账户资料，补编会计分录。

练习六

一、目的：进一步练习借贷记账法并进行试算平衡。

二、资料：大华公司 8 月底有关账户余额如下（单位：元）：

账户名称	金　额	账户名称	金　额
现　金	15 890	短期借款	280 000
银行存款	45 600	应付账款	36 140
交易性金融资产	60 000	实收资本	300 000
应收账款	86 900	本年利润	42 000
原材料	170 750	利润分配	118 000
固定资产	397 000		

9月份发生下列经济业务：

1. 支付短期银行借款利息 26 600 元。
2. 赊购办公设备 54 800 元。
3. 收到客户上月欠款 54 000 元，已存入银行。
4. 购入各种材料 47 000 元，用银行存款支付。
5. 本月份营业收入 350 000 元全部收到，并已存入银行存款户。
6. 支付职工工资 10 780 元。
7. 用银行存款户支付公司总部房租 49 300 元，其他应付款 26 500 元。

三、要求：

1. 根据上列资料编制会计分录。
2. 开设 T 字形账户，登记期初余额。
3. 将会计分录记入相应的账户，并结出期末余额。
4. 编制试算平衡表。

六、案例题

案例一　复式记账

张华东和王远拥有一个商店。他们都有大学文化，但没有接受过会计教育。但他们了解到要记账，复式记账比单式记账科学，认为只要记录采用复式记账的方法就不会出现错误了，于是自己设计了一个用来记录交易的系统，自认为很有效。下面列示的是本月所发发生的一些交易。

1. 收到商品的订单，当货物发出后将收到 1 200 元；
2. 发出一份商品订单，订购价值 500 元的商品；
3. 将货物运给顾客并收到 1 000 元；
4. 收到所订的货物并支付 500 元现金；

5. 用现金支付银行 400 元的利息；

6. 赊购 3 000 元的设备。

张华东和王远对以上业务进行了记录，如下表：

单位：元

资产 =		负债 + 所有者权益		+（收入 – 费用）	
收到商品订单	1 200			销售	1 200
发出订购商品订单	500			存货支出	– 500
现金 将货物发运给顾客	1 000 – 1 000				
收到所订的商品	500	应付账款	– 500		
支付现金	400			利息支出	– 400
赊购设备		应付账款	– 3 000	设备支出	– 3 000

案例要求：

1. 向他们解释他们对记录交易的错误理解。

2. 改正他们所记录的错误。

案例二　投入资本的账务处理

林东原是一个普通的工薪人士，近年来成功地进行股票、债券、基金、房地产等方面的投资，积累了一定的财富，准备开始人生的大转折，自己开公司。在寻找投资方向时，正巧遇到一位久不联系的儿时玩伴王华，王华已是小有名气的发明家，其中两项技术已获得国家专利，具有较好的市场前景，正苦于没有资金，无法投放市场。二人相遇恨晚，准备携手创业，经协商，拟成立一家公司，共投入资本 300 万元，林东出资 200 万元，其中：现金 150 万元，以一层原自有写字楼经评估作价 50 万元。王华出资 100 万元，其中：现金 40 万元，以两项国家专利技术作价 60 万元。由于投入资本的形式多样，林东和王华非常关心在账务处理时能不能分得清楚。他们聘请的会计小陈很肯定地回答："没有问题。"

案例要求：

1. 会计小陈为什么会很肯定地回答"没有问题"？

2. 如何进行正确的该笔投入资本的账务处理？

第三部分　参考答案

二、单项选择题

1.C　2.A　3.A　4.B　5.A　6.D　7.A　8.A　9.C　10.D

三、多项选择题

1.AD　2.ACD　3.ABE　4.ABC　5.ABCDE
6.ACD　7.ABD　8.ABC　9.ABCD　10.BCE

四、判断题

1.√　2.√　3.√　4.×　5.√　6.×　7.√　8.√　9.√　10.×

五、实务题

练习一

单位：元

账户名称	期初余额		本期发生额		期末余额	
	借方	贷方	借方	贷方	借方	贷方
固定资产	3 500 000		220 000	10 000	(3 710 000)	
银行存款	60 000		(98 000)	80 000	78 000	
应付账款		86 000	72 000	60 000		(74 000)
短期借款		45 000	(25 000)	10 000		30 000
应收账款	(45 000)		25 000	50 000	20 000	
实收资本		550 000		(70 000)		620 000
其他应收款		35 000	25 000			(10 000)

练习二

①B ②A ③A ④D ⑤C ⑥B

练习三

1. 借：应付账款 10 000
   贷：银行存款 10 000
2. 借：银行存款 60 000
   贷：短期借款 60 000
3. 借：原材料 12 000
   贷：银行存款 12 000
4. 借：银行存款 105 000
   贷：应收账款 105 000
5. 借：固定资产 50 000
   贷：应付票据 30 000
   银行存款 20 000
6. 借：应付工资 45 000
   贷：银行存款 45 000
7. 借：银行存款 153 500
   贷：主营业务收入 153 500

练习四

1. 借：原材料 10 000
   贷：银行存款 10 000
2. 借：生产成本 40 000
   贷：原材料 40 000
3. 借：现金 400
   贷：银行存款 400
4. 借：固定资产 100 000
   贷：银行存款 100 000
5. 借：应付账款 3 000
   贷：银行存款 3 000
6. 借：生产成本 25 000
   贷：原材料 25 000

7. 借：银行存款	3 000	
贷：应收账款		3 000
8. 借：短期借款	12 000	
应付账款	4 000	
贷：银行存款		16 000
9. 借：银行存款	20 000	
贷：实收资本		20 000
10. 借：现金	400	
银行存款	3 600	
贷：应收账款		4 000

练习五

1. 借：其他应收款	120	
贷：现金		120
2. 借：现金	100	
贷：应收账款		100
借：银行存款	5 600	
贷：应收账款		5 600
3. 借：银行存款	42 000	
贷：固定资产		42 000
4. 借：现金	400	
贷：银行存款		400
5. 借：其他应付款	6 020	
贷：银行存款		6 020
6. 借：银行存款	600	
贷：现金		600
7. 借：银行存款	20 620	
贷：应收账款		20 620
8. 借：应付账款	28 600	
贷：银行存款		28 600
9. 借：现金	900	
贷：银行存款		900
10. 借：原材料	160	

贷：现金 160

11. 借：现金 40

贷：其他应收款 40

借：原材料 80

贷：其他应收款 80

12. 借：应付账款 300

贷：现金 300

借：应付账款 1 700

贷：银行存款 1 700

13. 借：银行存款 10 000

贷：短期借款 10 000

14. 借：银行存款 30 000

贷：实收资本 30 000

15. 借：短期借款 24 000

贷：银行存款 24 000

16. 借：固定资产 54 000

贷：银行存款 54 000

练习六

1. 编制会计分录

(1) 借：财务费用 26 600

贷：银行存款 26 600

(2) 借：固定资产 54 800

贷：应付账款 54 800

(3) 借：银行存款 54 000

贷：应收账款 54 000

(4) 借：原材料 47 000

贷：银行存款 47 000

(5) 借：银行存款 350 000

贷：主营业务收入 350 000

(6) 借：应付工资 10 780

贷：银行存款 10 780

(7) 借：管理费用 49 300

其他应付款 26 500

贷：银行存款 75 800

2. 开设 T 字形账户，登记期初余额，将会计分录记入相应账户，结出期末余额

借方	现金		贷方
期初余额	15 890		
本期发生额		本期发生额	
期末余额	15 890		

借方	银行存款		贷方
期初余额	45 600		
(3) 54 000		(1) 26 600	
(5) 350 000		(4) 47 000	
		(6) 10 780	
		(7) 75 800	
本期发生额	404 000	本期发生额	160 180
期末余额	289 420		

借方	交易性金融资产		贷方
期初余额	60 000		
本期发生额		本期发生额	
期末余额	60 000		

借方	应收账款		贷方
期初余额	86 900		
		(3) 54 000	
本期发生额		本期发生额	54 000
期末余额	32 900		

借方　　原材料　　贷方

借方		贷方	
期初余额	170 750		
(4) 47 000			
本期发生额	47 000	本期发生额	
期末余额	217 750		

借方　　固定资产　　贷方

借方		贷方	
期初余额	397 000		
(2) 54 800			
本期发生额	54 800	本期发生额	
期末余额	451 800		

借方　　短期借款　　贷方

借方		贷方	
		期初余额	280 000
本期发生额		本期发生额	
		期末余额	280 000

借方　　应付账款　　贷方

借方		贷方	
		期初余额	36 140
		(2) 54 800	
本期发生额		本期发生额	54 800
		期末余额	90 940

借方　　财务费用　　贷方

借方		贷方	
期初余额			
(1) 26 600			
本期发生额	26 600	本期发生额	
期末余额	26 600		

主营业务收入

借方		贷方	
		期初余额	
		（5）350 000	
本期发生额		本期发生额	
		期末余额	350 000

应付职工薪酬

借方		贷方	
		期初余额	
（6）10 780			
本期发生额	10 780	本期发生额	
期末余额	10 780		

实收资本

借方		贷方	
		期初余额	300 000
本期发生额		本期发生额	
		期末余额	300 000

本年利润

借方		贷方	
		期初余额	42 000
本期发生额		本期发生额	
		期末余额	42 000

管理费用

借方		贷方	
期初余额			
（7）49 300			
本期发生额	49 300	本期发生额	
期末余额	49 300		

借方	其他应付款	贷方
		期初余额
（7）26 500		
本期发生额	26 500	本期发生额
期末余额	26 500	

3. 试算平衡表

单位：元

科目	期初余额		本期发生额		期末余额	
	借方	贷方	借方	贷方	借方	贷方
现金	15 890				15 890	
银行存款	45 600		404 000	160 180	289 420	
交易性金融资产	60 000				60 000	
应收账款	86 900			54 000	32 900	
原材料	170 750		47 000		217 750	
固定资产	397 000		54 800		451 800	
财务费用			26 600		26 600	
管理费用			49 300		49 300	
应付账款		36 140		54 800		90 940
应付职工薪酬			10 780		10 780	
其他应付款			26 500		26 500	
短期借款		280 000				280 000
主营业务收入				350 000		350 000
实收资本		300 000				300 000
本年利润		42 000				42 000
利润分配		118 000				118 000
合计	776 140	776 140	618 980	618 980	1 180 940	1 180 940

六、案例题

案例一

会计核算应当采用复式记账法，这种理解是正确的，但复式记账法在确认会计要素时应当采用权责发生制原则。张华东和王远的做法违反了权责发生制原则。

1. 对于收到商品订单，不能确认收入，也不能作为资产增加；

2. 发出订购商品的订单，不能作为资产的增加，也不能确认费用；

3. 将货物发给顾客并收到现金，应该确认收入，同时增加资产价值，即记录收入增加 1 000 元，现金增加 1 000 元；

4. 收到所订商品并支付现金，应该是现金减少和商品增加，即一项资产增加，另一项资产减少，不涉及负债；

5. 用现金支付银行利息做法正确；

6. 赊购设备 3 000 元，应付账款增加没有错，但设备应作为资产不能作为费用处理。

案例二

1. 因为每个账户都属于一个特定的类别，并规定了特定的核算内容，在进行会计核算时，能做到清晰明了，所以林东和王华的担心是多余的。

2. 借：现金　　1 900 000
　　固定资产　　500 000
　　无形资产　　600 000
　　贷：实收资本——王华　　2 000 000
　　　　　　　　——林东　　1 000 000

第四章

主要经济业务处理

第一部分　实训指导

一、本章主要内容

记账基础：
- 权责发生制
- 收付实现制

主要经济业务核算：
- 筹资阶段业务核算
- 供应阶段业务核算
- 生产阶段业务核算
- 销售阶段业务核算
- 利润形成与分配阶段业务核算

二、本章重点、难点

本章的重点是运用借贷记账法来核算企业日常经济业务，难点是对账户的正确运用。

企业为了进行正常的生产经营活动，必须拥有一定数量的经营资金。资金从外部进入企业的渠道是投资者投入资本金和企业负债取得资本金，无论资金通过何种渠道进入企业，必然使企业资产增加，因此，核算资金筹集业务，应该在有关资产类账户的借方登记，同时在权益类账户的贷方登记。

供应过程的主要经济业务是企业用货币资金购买各种财产物资，用来满足生产需要。在材料采购过程中，一方面是企业从供应单位购进各种材料，另一方面是企业要支付材料的买价和各种采购费用，包括运输费、装卸费、包装费、保险费、运输途中的合理损耗和入库前的挑选整理费用等，并与供货单位发生结算关系。企业购进的材料，应将实际支付的财料买价和采购费用记入“材料采购”账户的借方，待经过验收入库后，再转入“原材料”账户的借方，即为供生产领用的原材料。

生产过程主要核算生产费用的发生、归集和分配，以及完工产品生产成本的计算等内容，应用的账户主要是“生产成本”。企业应把为了生产产品而发生的各项劳动耗费记入“生产成本”的借方；车间发生的费用先在“制造费用”账户的借方归集，期末再转入“生产成本”的借方。产品完工后，应将产品的制造成本从“生产成本”账户转入“库存商品”账户中。

销售过程是企业将已验收入库的合格产品，按照销售合同规定的条件送交订货单位，并按销售价格和结算制度规定，办理结算手续，及时收取价款，取得销售产品收入的过程。在销售过程中，企业一方面取得了销售产品的收入，另一方面还会发生一些销售费用，如销售产品的运输费、装卸费、包装费、广告费等。此外，还应当根据国家有关税法的规定，计算缴纳企业销售活动应负担的税金及附加。应用的账户主要是“主营业务收入”、“主营业务成本”、“营业税金及附加”。企业取得销售收入时，应按款项结算方式不同而记入不同的资产类账户，并同时记入“主营业务收入”的贷方；发生的销售费用记入“销售费用”的借方；期末，计算出已售产品的制造成本后，应将其从“库存商品”转入“主营业务成本”中；计算出应负担的销售税金记入“营业税金及附加”的借方，并同时记入“应交税费”的贷方；期末，将“主营业务收入”、“主营业务成本”、“营业税金及附加”、“销售费用”的发生额全部转入“本年利润”的借方或贷方，以确认销售盈亏。

利润（或亏损）是企业生产经营活动最终的财务成果，它是综合反映企业经济效益的一个重要指标。进行财务成果核算的一个重要任务，就是正确计算企业在一定会计期间的收入和费用。企业的收入，不仅包括营业收入，还包括营业外收入。企业的费用，不仅包括为取得营业收入而发生的各项费用，还包括营业外支出和所得税。利润形成与分配过程中应用的账户主要是“本年利润”和“利润分配”。期末，应将损益类各账户的发生额分别转入“本年利润”的借方或贷方后，“本年利润”若有贷方余额即为利润，若为借方余额则为亏损。如果企业有利润，应按规定计算缴纳所得税，税后利润可以用于分配。企业应将已分配的利润记入“利润分配”的借方；年终，将利润总额从“本年利润”转入“利润分配”账户。

第二部分 实训练习

一、思考题

1. 什么是会计处理基础？主要有哪两种？

2. 什么是权责发生制和收付实现制？二者有何区别？

3. 筹资、供应、生产、销售、利润形成和分配阶段的核算需要设置哪些账户？如何进行账务处理？

4. 材料采购成本一般包括哪些内容？

5. 如何计算产品制造成本？

二、单项选择题（从每小题的备选答案中选出一个正确答案，并将正确答案的序号填入括号内）

1. “材料采购”账户期末一般没余额，如有余额则表示（　　）。

A. 期末库存材料成本　　B. 该企业设置在途材料账户

C. 期末在途材料成本　　D. 该企业没设在途材料账户

2. 企业计提生产用固定资产折旧，应借记（　　）科目。

A. 累计折旧　　B. 生产成本

C. 制造费用　　D. 固定资产

3. 工业企业领用材料制造产品，应记入（　　）账户。

A. 制造费用　　B. 生产成本

C. 销售费用　　D. 管理费用

4. 工业企业销售产品时支付的运输费，应记入（　　）账户。

A. 生产成本　　B. 管理费用

C. 销售费用　　D. 材料采购

5. 企业本月收到上期产品赊销款 20 000 元；本期销售产品 40 000 元，收到货款 30 000 元，余款尚未收到。按权责发生制原则，本月实现的产品销售收入（　）元。

A. 20 000　　B. 40 000

C. 50 000　　D. 30 000

6. 企业计提生产车间使用的固定资产折旧费 40 000 元，应编制的会计分录为（　　）。

A. 借：固定资产　40 000　　B. 借：累计折旧　40 000

贷：累计折旧 40 000　　　　贷：固定资产 40 000

C. 借：管理费用 40 000　　　　D. 借：制造费用 40 000

贷：累计折旧 40 000　　　　贷：累计折旧 40 000

7. 某企业本月支付厂部管理人员工资 30 000 元，预提厂部半年（含本月）修理费 2 400 元，生产车间保险费 6 000 元，该企业本月管理费用发生额为（　　）元。

A. 30 000　　　　B. 32 400

C. 30 400　　　　D. 38 400

8. 企业在生产经营过程中借入短期借款的利息支出应记入（　　）科目。

A. 管理费用　　　　B. 财务费用

C. 制造费用　　　　D. 生产成本

9. 下列各项目中，应记入"预提费用"账户的是（　　）。

A. 本月负担的短期贷款利息 6 000 元，将于两个月后支付

B. 摊销上年已付应由本月负担的财产保险费 40 000 元

C. 本月支付广告费 200 000 元

D. 本月发放职工工资 250 000 元

10. "本年利润"账户的各月末余额（　　）。

A. 肯定在借方　　　　B. 肯定在贷方

C. 可能在借方、可能在贷方

D. 盈利则余额在借方，亏损则余额在贷方

11. 某企业"长期借款"账户期末贷方余额为 50 000 元，本期共增加 30 000 元，减少 40 000 元，则该账户的期初金额为（　　）。

A. 借方 40 000 元　　　　B. 贷方 60 000 元

C. 借方 60 000 元　　　　D. 贷方 40 000 元

12. 下列各账户中，属于流动负债的是（　　）。

A. 长期借款　　　　B. 预付账款

C. 预收账款　　　　D. 其他应收款

13. 企业于四月初用银行存款 1 200 元支付第二季度房租，四月末仅将其中的 400 元计入本月费用，这符合（　　）。

A. 实地盘存制的要求　　　　B. 权责发生制原则

C. 收付实现制原则　　　　D. 永续盘存制的要求

14. 预付生产车间全年的财产保险费应计入（　　）。

A. 制造费用　　B. 其他应付款

C. 预提费用　　D. 待摊费用

三、多项选择题（从每小题的备选答案中选出至少两个正确答案，并将正确答案的序号填入括号内）

1. 会计处理基础，也称记账基础，它是指确定（　　）和（　　）归属期间的标准。

A. 收入　　B. 费用

C. 资产　　D. 负债

2. 工业企业的基本业务，主要包括（　　）按顺序填列。

A. 供应　　B. 生产

C. 销售　　D. 分配

E. 筹集

3. 投资者可用（　　）等形式向企业投资。

A. 现金　　B. 银行存款

C. 实物　　D. 无形资产

E. 债权

4. 采购费用由以下费用构成（　　）。

A. 运输费用　　B. 装卸费用

C. 包装费用　　D. 采购员差旅费

5. 制造费用核算（　　）项目。

A. 车间管理人员工资和福利费

B. 生产工人工资

C. 厂部固定资产的修理费

D. 车间办公费、水电费

E. 劳动保护费

6. 与制造费用能发生对应关系的账户是（　　）。

A. 原材料　　B. 生产成本

C. 累计折旧　　D. 应付职工薪酬

E. 销售费用

7. 销售费用用来核算企业在生产过程中发生的各种销售费用，如（　　）等。

A. 展览费用　　B. 广告费用

C. 包装费用　　D. 销售部门的办公费

8. 下列账户（　）属于损益类。

A. 主营业务成本　　B. 生产成本

C. 销售费用　　D. 待摊费用

9. 应交税费账户期末余额可能（　）。

A. 在借方　　B. 在贷方

C. 为零　　D. 必在贷方

10. 本年利润账户贷方登记转入的（　）等账户的期末余额。

A. 主营业务收入　　B. 其他业务收入

C. 营业外收入　　D. 投资收益

11. 本年利润账户借方登记转入的（　）等账户的期末余额。

A. 主营业务成本　　B. 其他业务支出

C. 营业外支出　　D. 投资收益

E. 所得税费用

12. 为适应权责发生制要求而设立的账户有（　）。

A. 银行存款　　B. 固定资产

C. 待摊费用　　D. 预提费用

13. 下列项目中，属于待摊费用性质的有（　）。

A. 本年末预付下年度全年报刊杂志费

B. 月初预付本月份电费

C. 预付外单位购货款

D. 季度初预付本季度房屋租金

14. 按权责发生制的要求，应全部或部分确认为本期费用的是（　）。

A. 月末预提本期机器设备大修理费，但尚未支付

B. 本月支付一笔巨额销售广告费

C. 本月预付下季度报刊杂志费（不含本月）

D. 职工月初出差借支了差旅费，此人月末出差回来，但尚未前来财务科报销

15. 下列（　）属于营业外收入的核算内容。

A. 确实无法支付的应付款项　　B. 罚款净收入

C. 没收外单位财产的收入　　D. 出售材料所取得的收入

四、判断题（正确的在括号内打√，错误的在括号内打×）

1. “应付账款”账户和“预付账款”账户同属负债类账户。（ ）

2. 短期借款的利息支出必须采用按月预提，以后一次支付的会计处理方法。（ ）

3. 企业销售产品，即使产品已经发出，但是只要货款尚未收到，就不能作为营业收入实现处理。（ ）

4. 企业预付生产车间机器设备的修理费，应记入“制造费用”账户的借方，同时，贷记“银行存款”账户。（ ）

5. 企业应当在收到以前月份销售货款的时候确认营业收入。（ ）

6. 计提固定资产折旧意味着费用增加，因此应记入“累计折旧”账户的借方。（ ）

7. “生产成本”账户期末若有借方余额，表示企业月末有在产品。（ ）

8. “制造费用”账户本期借方发生额，均应于月末分配转入“生产成本”账户，结转后制造费用账户无余额。（ ）

五、实务题

练习一

一、目的：练习筹资阶段的业务核算。

二、资料：森林公司200×年1月发生以下经济业务：

1. 向银行借入期限两年的借款100 000元，存入银行。

2. 收到国家投入资金400 000元，存入银行。

3. 向银行借入6个月的借款50 000元。

4. 收到华丽公司投入设备一台，评估价10 000元。

5. 预提本月应承担的短期借款的利息2 000元。

三、要求：编制会计分录。

练习二

一、目的：练习供应阶段的业务核算。

二、资料：森林公司200×年2月发生以下经济业务：

1. 向普光工厂购进甲材料3 000克，单价30元，价款90 000元，增值税税率17%，款项未付。

2. 以银行存款支付甲材料运费1 000元。

3. 上述甲材料验收入库，结转材料采购成本。

4. 采购员预支差旅费 800 元，以现金支付。

5. 向大华公司购入乙材料 800 千克，单价 50 元；购入丙材料 200 千克，单价 40 元，增值税税率 17%，款项以银行存款支付。

6. 以银行存款支付乙、丙两种材料的运费及装卸费 6 000 元，采购费用按材料的重量比重进行分配。

7. 乙、丙两种材料验收入库，结转其实际采购成本。

8. 采购员出差回来报销差旅费 880 元，又补付现金 20 元，以结清预支款。

三、要求：编制会计分录。

练习三

一、目的：练习生产阶段的业务核算。

二、资料：森林公司 200× 年 3 月发生以下经济业务：

1. 生产产品领用材料 30 000 元。

2. 公司管理部门领用材料 300 元。

3. 计提固定资产折旧 15 000 元，其中生产车间 10 000 元，管理部门 5 000 元。

4. 分配本月工资费用 90 000 元，其中生产工人工资 60 000 元，车间管理人员工资 20 000 元，公司管理人员工资 10 000 元。

5. 按工资总额 14%计提福利费。

6. 企业以银行存款 8 000 元支付下一年度财产保险费。

7. 从银行提取现金 3 000 元备用。

8. 将本月发生的制造费用全部转入生产成本。

9. 本月投产的产品全部完工验收入库，结转完工产品成本。

三、要求：编制会计分录。

练习四

一、目的：练习销售阶段的业务核算。

二、资料：森林公司 200× 年 4 月发生以下经济业务：

1. 企业赊销一批产品，价款 100 000 元，增值税税率 17%。

2. 企业销售产品 200 000 元，增值税税率 17%，全部款项存入银行。

3. 企业预收一笔销货款项 50 000 元，存入银行。

4. 结转本月销售产品成本 112 500 元。

5. 以银行存款支付广告费用 3 000 元。

6. 以现金支付退休职工工资 8 000 元。

7. 摊销应由本月承担的报刊费 800 元。

8. 结转损益。

9. 计算本期所得税费用 14 520 元。

三、要求：编制会计分录。

练习五

一、目的：练习利润形成与分配阶段的业务核算。（不考虑增值税）

二、资料：森林公司 200×年 5 月发生以下经济业务：

1. 从银行取得期限为半年的贷款 120 000 元，存入银行。

2. 购入甲材料一批，价款 80 000 元，款项暂欠。

3. 用银行存款支付购入甲材料的运杂费 2 500 元。

4. 甲材料验收入库，结转其采购成本。

5. 偿还前欠某单位货款 50 000 元，已从银行划款。

6. 采购员张羽出差，预借差旅费 4 000 元，以现金支票支付。

7. 销售一批产品，售价 300 000 元，款项已收存银行。

8. 从银行提取现金 50 000 元，发放职工工资，其中生产工人工资 35 000 元，车间管理人员工资 9 500 元，厂部管理人员工资 5 500 元。同时，计提福利费。

9. 外单位投资 150 000 元，其中银行存款 60 000 元，一台新机器作价 90 000元。

10. 用银行存款支付设备大修理费用 12 000 元，准备分六个月摊销。

11. 销售产品一批，售价 400 000 元，款项尚未收到。

12. 用现金支付广告费用 500 元。

13. 以银行存款支付办公用品费用 1 000 元。

14. 仓库报来发料汇总表，其中生产产品领用 260 000 元，车间维修领用 25 000元，厂部领用 15 000 元，共计 300 000 元。

15. 摊销本月份应当负担的设备大修理费用。

16. 预提本月短期借款利息 3 000 元。

17. 以银行存款支付上月暂欠的购料款 20 000 元。

18. 根据固定资产账面价值计提折旧 10 000 元，其中生产部门 8 000 元，厂部 2 000 元。

19. 采购员张羽出差回来，报销差旅费 3 750 元，余额交回。

20. 结转本月制造费用。

21. 结转本月完工产品成本 580 000 元。

22. 结转本月产品销售成本 525 000 万元。

23. 计算本月应当缴纳的销售税金 500 元。

24. 按利润总额的 33%计算本月应交所得税，并结转净利润。（12 月初“本年利润”账户余额为 904 203.40 元）

三、要求：根据上述经济业务编制会计分录。

六、案例题

案例一 业务分析

一、资料：李伟原在某事业单位任职，月薪 1 500 元。200×年初辞去工作，投资 100 000 元（此款项为银行借款，年利率 4%）开办一个公司，从事餐饮服务业务。该公司开业一年来，有关收支项目的发生情况如下：

1. 餐饮收入 420 000 元；
2. 出租场地的租金收入 32 000 元；
3. 兼营小食品零售业务收入 50 000 元；
4. 各种餐饮食品的成本 260 000 元；
5. 支付的各种税金 21 000 元；
6. 支付的员工工资 145 000 元；
7. 购置设备 160 000 元，其中本年应负担的磨损费 40 000 元。

二、要求：确定该公司的经营成果并运用会计知识评价李伟辞去工作开办公司是否合适。

案例二 关于权责发生制与收付实现制的比较

一、资料：某企业本月份发生以下经济业务：

1. 支付上月份电费 5 000 元；
2. 收回上月的应收账款 10 000 元；
3. 收到本月的营业收入款 8 000 元；
4. 支付本月应负担的办公费 900 元；
5. 支付下季度保险费 1 800 元；
6. 应收营业收入 25 000 元，款项尚未收到；
7. 预收客户货款 5 000 元；

8. 负担上季度已经预付的保险费600元。

二、要求：1. 比较权责发生制与收付实现制的异同；

2. 通过计算说明它们对收入、费用和盈亏的影响；

3. 说明各有何优缺点。

第三部分　参考答案

二、单项选择题

1.C　2.C　3.B　4.C　5.B　6.D　7.C　8.B

9.A　10.C　11.B　12.C　13.B　14.D

三、多项选择题

1.AD　2.EABCD　3.ABCDE　4.ABC　5.ADE

6.ABCD　7.ABCD　8.AC　9.ABC　10.ABCD

11.ABCDE　12.CD　13.AD　14.AB　15.ABC

四、判断题

1.×　2.×　3.×　4.×　5.×　6.×　7.√　8.√

五、实务题

练习一

1. 借：银行存款	100 000	
贷：长期借款		100 000
2. 借：银行存款	400 000	
贷：实收资本		400 000
3. 借：银行存款	50 000	
贷：短期借款		50 000
4. 借：固定资产	10 000	
贷：实收资本		10 000
5. 借：财务费用	2 000	
贷：预提费用		2 000

练习二

1. 借：材料采购 90 000
　　应交税费——应交增值税 15 300
　　贷：应付账款 105 300
2. 借：材料采购 1 000
　　贷：银行存款 1 000
3. 借：原材料 106 300
　　贷：材料采购 106 300
4. 借：其他应收款 800
　　贷：现金 800
5. 借：材料采购——乙材料 40 000
　　——丙材料 8 000
　　应交税费——应交增值税 8 160
　　贷：银行存款 56 160
6. 借：材料采购——乙材料 4 800
　　——丙材料 1 200
　　贷：银行存款 6 000
7. 借：原材料——乙材料 44 800
　　——丙材料 9 200
　　贷：材料采购——乙材料 44 800
　　——丙材料 9 200
8. 借：管理费用 880
　　贷：现金 80
　　其他应收款 800

练习三

1. 借：生产成本 30 000
　　贷：原材料 30 000
2. 借：管理费用 300
　　贷：原材料 300
3. 借：制造费用 10 000
　　管理费用 5 000
　　贷：累计折旧 15 000

4. 借：生产成本		60 000	
制造费用		20 000	
管理费用		10 000	
贷：应付职工薪酬			90 000
5. 借：生产成本		8 400	
制造费用		2 800	
管理费用		1 400	
贷：应付职工薪酬			12 600
6. 借：待摊费用		8 000	
贷：银行存款			8 000
7. 借：现金		3 000	
贷：银行存款			3 000
8. 借：生产成本		32 800	
贷：制造费用			32 800
9. 借：库存商品		136 200	
贷：生产成本			136 200

练习四

1. 借：应收账款		117 000	
贷：主营业务收入			100 000
	应交税费——应交增值税		17 000
2. 借：银行存款		234 000	
贷：主营业务收入			200 000
	应交税费——应交增值税		34 000
3. 借：银行存款		50 000	
贷：预收账款			50 000
4. 借：主营业务成本		112 500	
贷：库存商品			112 500
5. 借：销售费用		3 000	
贷：银行存款			3 000
6. 借：管理费用		8 000	
贷：现金			8 000
7. 借：管理费用		800	

贷：待摊费用		800
8. 借：主营业务收入	300 000	
贷：本年利润		300 000
借：本年利润	124 300	
贷：主营业务成本		112 500
销售费用		3 000
管理费用		8 800
9. 借：所得税	14 520	
贷：应交税费		14 520

练习五

1. 借：银行存款	1 200 000	
贷：短期借款		1 200 000
2. 借：材料采购	80 000	
贷：应付账款		80 000
3. 借：材料采购	2 500	
贷：银行存款		2 500
4. 借：原材料	82 500	
贷：材料采购		82 500
5. 借：应付账款	50 000	
贷：银行存款		50 000
6. 借：其他应收款	4 000	
贷：银行存款		4 000
7. 借：银行存款	300 000	
贷：主营业务收入		300 000
8. 借：现金	50 000	
贷：银行存款		50 000
借：应付职工薪酬	50 000	
贷：现金		50 000
借：生产成本	35 000	
制造费用	9 500	
管理费用	5 500	
贷：应付职工薪酬		50 000

借：生产成本	4 900	
制造费用	1 330	
管理费用	770	
贷：应付职工薪酬		7 000
9. 借：银行存款	60 000	
固定资产	90 000	
贷：实收资本		150 000
10. 借：待摊费用	12 000	
贷：银行存款		12 000
11. 借：应收账款	400 000	
贷：主营业务收入		400 000
12. 借：销售费用	500	
贷：现金		500
13. 借：管理费用	1 000	
贷：银行存款		1 000
14. 借：生产成本	260 000	
制造费用	25 000	
管理费用	15 000	
贷：原材料		300 000
15. 借：制造费用	2 000	
贷：待摊费用		2 000
16. 借：财务费用	3 000	
贷：预提费用		3 000
17. 借：应付账款	20 000	
贷：银行存款		20 000
18. 借：制造费用	8 000	
管理费用	2 000	
贷：累计折旧		10 000
19. 借：管理费用	3 750	
现金	250	
贷：其他应收款		4 000
20. 借：生产成本	45 830	
贷：制造费用		45 830

21. 借：库存商品 580 000
    贷：生产成本 580 000
22. 借：主营业务成本 525 000
    贷：库存商品 525 000
23. 借：营业税金及附加 5 000
    贷：应交税费——应交所得税 5 000
24. 借：所得税费用 47 183.40
    贷：应交税费——应交所得税 47 183.40
    借：本年利润 95 796.60
    贷：利润分配 95 796.60

六、案例题

案例一

该公司200×年的有关损益项目确定如下：

收入 = 420 000 + 50 000 + 32 000 = 502 000（元）

费用 = 260 000 + 21 000 + 145 000 + 40 000 = 466 000（元）

利润 = 502 000 − 466 000 = 36 000（元）

通过上述计算可以看出，李伟经营的公司，开业一年来实现的经营成果是盈利36 000元。由于李伟在原单位任职，月薪为1 500元，即年薪18 000元，显然，李伟开办的公司盈利要超过其在单位任职的收入，也就是说，李伟辞去工作开办公司是合适的。

案例二

1. 权责发生制与收付实现制的异同

权责发生制也称应收应付制，它是以权利或责任的发生与否为标准，来确认收入和费用。不论是否已有现金的收付，按其是否体现各个会计期间的经营成果和收益情况，确定其归属期。就是说凡属本期的收入，不管其款项是否收到，都应作为本期的收入；凡属本期应当负担的费用，不管其款项是否付出，都应作为本期费用。反之，凡不应归属本期的收入，即使款项在本期收到，也不作为本期收入；凡不应归属本期的费用，即使款项已经付出，也不能作为本期费用。

收付实现制也称现金制，它是以现金收到或付出为标准，来记录收入的实现或费用的发生。就是说按收付日期确定其归属期，凡是属本期收到的收入和支出的费用，不管其是否应归属本期，都作为本期的收入和费用；反之，凡本期未收到的收入和不支付的费用，即使应归属本期收入和费用，也不作为本期的收入和费用。

2. 收入、费用的计量与盈亏的计算

权责发生制下：

收入 = 8 000 + 25 000 = 33 000

费用 = 900 + 600 = 1 500

收益 = 33 000 – 1 500 = 31 500

收付实现制下：

收入 = 10 000 + 8 000 + 5 000 = 23 000

费用 = 5 000 + 900 + 1 800 = 7 700

收益 = 23 000 – 7 700 = 15 300

3. 各自的优缺点

收付实现法核算手续简单，强调财务状况的确实性，但对各期损益的确定不够合理。采用权责发生制核算比较复杂，但反映本期的收入和费用比较合理、真实，能正确划分并确定各个会计期间的财务成果。《企业会计准则——基本准则》规定，企业应当以权责发生制为基础进行会计确认、计量和报告。

第五章

会计凭证

第一部分　实训指导

一、本章主要内容

- 会计凭证
  - 原始凭证
    - 基本内容
    - 编制要求
    - 主要种类
      - 外来原始凭证
      - 自制原始凭证
  - 记账凭证
    - 主要种类
      - 收款凭证
      - 付款凭证
      - 转账凭证
    - 基本内容
    - 填制要求
    - 填制实例
    - 传递审核

二、本章重点、难点

会计凭证是记录经济业务，明确经济责任，并据以登记账簿的书面证明。填制与审核会计凭证是会计核算方法之一，是会计核算的初始阶段和基本环节，是一项重要的基础性会计工作。

按照会计凭证的填制程序和用途一般可以分为原始凭证和记账凭证两类。

原始凭证是记录经济业务已经发生、执行或完成，用以明确经济责任，作为记账依据的最初的书面证明文件。原始凭证是经济业务发生的最初证明，在法律上具有证明效力，原始凭证按其取得的来源不同，可以分为自制原始凭证和外来原始凭证两类。原始凭证的名称、格式和内容是多种多样的，其填制要求分为基本要求和具体要求两部分。要求学生全面掌握。主要内容如下：

凭证的名称、填制日期、填制单位名称或者填制人姓名、经办人员的签名或者盖章、接受凭证单位名称、经济业务的内容（包括数量、单价、金额等）。

原始凭证记录的情况和数据是进行会计核算的最原始的资料，为了保证整个会计核算的真实、正确，原始凭证的填制应真实可靠、内容完整、连续编号、书写规范，会计及相关部门应对原始凭证的真实性、合法性、完整性及正确性进行审核。

记账凭证是会计人员根据审核无误的原始凭证或汇总原始凭证，用来确定经济业务应借、应贷的会计科目和金额而填制的，作为登记账簿直接依据的会计凭证。记账凭证按其适用的经济业务，分为专用记账凭证和通用记账凭证两类。专用记账凭证，是用来专门记录某一类经济业务的记账凭证，专用凭证按其所记录的经济业务内容不同又分为收款凭证、付款凭证和转账凭证三种。通用记账凭证是以一种格式记录全部经济业务。

记账凭证种类甚多，格式不一，但其主要作用，都在于对原始凭证进行分类、整理，按照复式记账的要求，运用会计科目，编制会计分录，据以登记账簿。记账凭证必须具备以下基本内容：记账凭证的名称、填写日期、编号、经济业务的内容摘要、会计科目的名称、记账方法和金额、记账标记、所附原始凭证的张数、制证、审核、记账、会计主管等有关人员的签章。填制记账凭证，是会计核算工作的重要环节，应当严格按照规定的方法和要求进行填制。为了正确登记账簿和监督经济业务，除了编制记账凭证的人员应当认真负责、正确填制、加强自审以外，同时还应建立专人审核制度，从合规性与技术性两方面进行审核，以保证会计信息质量。

为了及时地反映和监督经济业务的发生和完成情况，合理地组织经济活动，加强经济管理责任制，应当为每种会计凭证的传递，规定合理的传递程序和在各个环节停留的时间。以便及时地、真实地反映和监督经济业务的发生和完成情况。会计凭证是记账的依据，是重要的经济档案和历史资料，所以对会计凭证必须按照《会计档案管理办法》的规定进行妥善整理和保管，不得丢失或任意销毁。

第二部分　实训练习

一、思考题

1. 会计凭证有哪些种类？
2. 原始凭证应具备哪些内容？
3. 填制原始凭证应遵循哪些要求？
4. 审核原始凭证的主要内容是什么？
5. 记账凭证应具备哪些内容？
6. 收款凭证、付款凭证和转账凭证各主要栏应怎样填写？
7. 涉及现金、银行存款之间的收付业务，应填制什么记账凭证？为什么？
8. 填制记账凭证有哪些具体要求？
9. 审核记账凭证的主要内容是什么？
10. 组织会计凭证传递的意义是什么？
11. 会计凭证保管的方法和一般要求是什么？

二、填空题

1. 原始凭证按其取得的来源，分为________和________两种。

2. 将现金存入银行的业务，应填制的记账凭证是________，从银行提取现金的业务，应填制的记账凭证是________。

3. 记账凭证按其所记录的经济业务是否与现金和银行存款的收付有联系，而分为________、________和________三种。

4. 会计凭证的保管，是指会计凭证登账后的________、________和________。

5. 适用于所有经济业务的记账凭证称为________。

三、单项选择题（从每小题的备选答案中选出一个正确答案，并将正确答案的序号填入括号内）

1. 会计凭证按其（　　　　）不同，可以分为原始凭证和记账凭证。

A. 填制的方式　　　　B. 取得的来源
C. 填制的程序和用途　　　　D. 反映经济业务的次数

2. 以下所列不能作为记账依据的是（　　　　）。

A. 发货票　　　　B. 收料单

C. 经济合同　　　　　　　　　　D. 领料单

3. 只反映一项经济业务，或同时反映若干项同类经济业务，凭证填制手续是一次完成的自制原始凭证，称为（　　　）。

A. 累计凭证　　　　　　　　　　B. 汇总原始凭证

C. 一次凭证　　　　　　　　　　D. 单式记账凭证

4. 会计凭证的传递，是指（　　　），在单位内部有关部门及人员之间的传递程序和传递时间。

A. 会计凭证从取得到编制成记账凭证时止

B. 从取得原始凭证到登记账簿时止

C. 从填制记账凭证到编制会计报表时止

D. 会计凭证从填制时到归档时止

5. 从银行提取现金备用的经济业务，应填制的记账凭证是（　　　）。

A. 一张转账凭证　　　　　　　　B. 一张收款凭证

C. 一张付款凭证

D. 一张收款凭证和一张付款凭证

6. 下列会计凭证中属于自制原始凭证的是（　　　）。

A. 收款凭证　　　　　　　　　　B. 付款凭证

C. 收料单　　　　　　　　　　　D. 银行结算凭证

四、多项选择题（从每小题的备选答案中选出至少两个正确答案，并将正确答案的序号填入括号内）

1. 属于一次原始凭证的有（　　　）。

A. 收料单　　　　　　　　　　　B. 发票

C. 领料单　　　　　　　　　　　D. 限额领料单

2. 涉及现金与银行存款之间收付款业务时，可以编制的记账凭证有（　　　）。

A. 现金收款凭证　　　　　　　　B. 现金付款凭证

C. 银行存款收款凭证　　　　　　D. 银行存款付款凭证

3. 会计凭证的作用有（　　　）。

A. 反映经济业务的具体情况　　　B. 综合反映企业的财务状况

C. 作为记账的依据　　　　　　　D. 对经济业务进行日常监督

E. 加强责任制

4. 下列记账凭证中属于复式记账凭证的有（　　　）。

A. 收款凭证　　B. 付款凭证
C. 转账凭证　　D. 通用记账凭证

5. 记账凭证是（　　）。
A. 由经办人填制　　B. 由会计人员填制
C. 经济业务发生时填制　　D. 根据审核无误的原始凭证填制

6. 记账凭证的作用在于（　　）。
A. 对经济业务进行归类　　B. 确定会计分录
C. 据以记账　　D. 反映经济业务执行情况
E. 分清有关人员责任

7. 原始凭证的内容有（　　）。
A. 凭证的名称、日期、编号　　B. 接受单位或个人名称
C. 会计分录　　D. 业务内容
E. 经办人签章

五、实务题

练习一

一、目的：掌握各类原始凭证的填制及审核方法。

二、资料：

新华工厂

开户银行：中国工商银行大营盘办事处，简称大办

账号：147258379

地址：晋洲市大营盘339号；

税务登记号：140102630101234，增值税税率17%

200×年12月发生如下经济业务：

1. 1日财务科出纳员刘莉开出现金支票一张1 000元，从银行提取现金，以备零用。

要求：填写现金支票（现金支票存根留存作编制记账凭证的依据）。

中国工商银行
现金支票存根
Ⅵ Ⅱ03335689
科　　目
对方科目____________
签发日期

收款人____________
金　额____________
用　途____________
备注

单位主管　　会计

中国工商银行　现金支票　　　Ⅵ Ⅱ03335689
出票日期（大写）　　年　　月　　日　开户行名称
签发人账号

本支票付款期十天

收款人：

	千	百	十	万	千	百	十	元	角	分
人民币（大写）										

用途____________　　科目（借）____________
上列款项请从我账户内支付　对方科目（贷）____________
付讫日期　　年　　月　　日
签发人盖章　　出纳　　记账　　复核

2．1日，供销科王明峰因采购材料去南京，经供销科长王露批准，填写“借款单”向财务科借现金500元。复核人韩敏，财务科长王虎城。

借 款 单

年　　月　　日

工作单位	姓　名	借款金额	批准金额	备　注
人民币（大写）				
借款理由				

批准人　　　　审核　　　　借款人　　　　经办人

3．1日，收到本市光明工厂前欠的货款80 000元，收到转账支票一张并转存银行。

要求：填写“进账单”一份。（光明工厂开户行：工行广办，账号：3867926）。

中国工商银行进账单（收账通知）　4

年　月　日　　　　　　第12号

收款人	全　称		付款人	全　称	
	账　号			账　号	
	开户银行			开户银行	
人民币（大写）				千 百 十 万 千 百 十 元 角 分	
票据种类			收款人开户银行盖章		
票据张数					
单位主管　会计　复核　记账					

此联是银行交给收款人的回单

4. 2日，向本市光明工厂（地址：新建北路138号，税务登记号：142112622102026）销售甲产品200件，单价400元，乙产品200件，单价300元，货已发出，货款暂未收到。

要求：填写增值税专用发票（“记账联”作为填制记账凭证的依据）。

晋洲省增值税专用发票

开票日期：　年　月　日　　　　　　No

购货单位	名　称			纳税人登记号		
	地址　电话			开户银行及账号		
商品或劳务名称	计量单位	数量	单价	金额 千百十万千百十元角分	税率%	税额 千百十万千百十元角分
合　计						
价税合计（大写）	仟　佰　拾　万　仟　佰　拾　元　角　分					
销货单位	名　称			纳 税 登 记 号		
	地址　电话			开户银行及账号		

第四联　销货方记账

收款人：　　　　开票单位：　　　　结算方式：转账

5. 10日，出纳员李华将多余的库存现金2 800元存入银行，填写现金存款单一张。此款面额100元20张，面额50元10张，面额10元30张（现金交款单一式三联，其他各联略）。

中国工商银行　现金交款单（回单）①

年　月　日

收款单位	全　称				款项来源				
	账　号			开户银行					
人民币（大写）									千百十万千百十元角分
辅币	卷别	伍角	贰角	壹角	伍分	贰分	壹分	（银行盖章）	
	张数								
主币	卷别	壹佰元	伍拾元	贰拾元	壹拾元	伍元	贰元	壹元	收款员 复核
	张数								

第一联　由银行盖章后退回单位

要求：根据以上经济业务，填制有关的原始凭证。

练习二

一、目的：掌握记账凭证的填制方法。

二、资料：

太晋钢铁公司

开户银行：中国工商银行钢城办事处，简称钢办

账号：265489111

地址：晋洲市草坪路 369 号

税务登记号：56247896001，增值税税率 17%

200×年 12 月发生如下经济业务：

1. 12 月 21 日，从银行提取现金 2 000 元，以备零星开支。

中国工商银行现金支票存根

支票号码　2009623

科　　目　银行存款

对方科目　现金

出票日期　200×年 12 月 21 日

收款人	刘萍萍
金　额	￥2 000.00
用　途	库存现金
备　注	

单位主管　　　会计：张精明

2．12 月 22 日，购入材料，验收入库。

晋洲省增值税专用发票

开票日期：200×年 12 月 22 日　　　　　　　　　　No　003625

购货单位	名　称	太晋钢铁公司	纳税人登记号	56247896001
	地址　电话	草坪路 369 号	开户银行及账号	工商银行钢城办事处 265489111

商品或劳务名称	计量单位	数量	单价	金额										税率	税额									
				千	百	十	万	千	百	十	元	角	分	%	千	百	十	万	千	百	十	元	角	分
40＃圆钢		200	1 300			2	6	0	0	0	0	0	0	17				4	4	2	0	0	0	0
合　计					¥	2	6	0	0	0	0	0	0				¥	4	4	2	0	0	0	0

价税合计（大写）	×仟×佰叁拾万零肆仟贰佰零拾零元零角零分	¥304 200.0

销货单位	名　称	金沙钢铁厂	纳税登记号	25669856002
	地址　电话	长江路 23 号	开户银行及账号	工商银行长江路办事处 236987444

收款人：宋勇　　　开票单位：　　　　　　　　结算方式：转账

第二联　发票联　购货方记账

晋洲省增值税专用发票

开票日期：200×年 12 月 22 日　　　　　　　　　　No　003625

购货单位	名　称	太晋钢铁公司	纳税人登记号	56247896001
	地址　电话	草坪路 369 号	开户银行及账号	工商银行钢城办事处 265489111

商品或劳务名称	计量单位	数量	单价	金额										税率	税额									
				千	百	十	万	千	百	十	元	角	分	%	千	百	十	万	千	百	十	元	角	分
40＃圆钢	吨	200	1 300			2	6	0	0	0	0	0	0	17				4	4	2	0	0	0	0
合　计					¥	2	6	0	0	0	0	0	0				¥	4	4	2	0	0	0	0

价税合计（大写）	×仟×佰叁拾万零肆仟贰佰零拾零元零角零分	¥304 200.0

销货单位	名　称	金沙钢铁厂	纳税登记号	25669856002
	地址　电话	长江路 23 号	开户银行及账号	工商银行长江路办事处 236987444

收款人：宋勇　　　开票单位：　　　　　　　　结算方式：转账

中国工商银行转账支票存根

支票号码 2009623

科　　目 银行存款

对方科目 材料采购

出票日期 200×年12月22日

收款人	金沙钢铁厂
金　额	￥304 200.00
用　途	购货

单位主管　　会计：张精明

材料入库单

太晋钢铁公司　　200×年12月22日　　单位：元

材料名称	规格	单位	数量	单价	金额	发货单位	
圆钢	40＃	吨	200	1 300	260 000.00	金沙钢铁厂	
						合同号	450

财务主管：张冰洁　　供应科长：李建　　验收：王国宁　　采购员：李力

3．12月23日，以现金购买办公用品。

晋洲市商业零售企业统一发票　　No 236548

购货单位：太晋钢铁公司　　200×年12月23日

品　名	规　格	单　位	数　量	单　价	金额 十	万	千	百	十	元	角	分
印　纸		箱	2	300				6	0	0	0	0
合计金额（大写）人民币陆佰元整							￥	6	0	0	0	0

第二联　发票联

单位盖章：　　收款人：李艳霞　　制票人：张欣

4．12月24日，购入机床一台，已交付使用。

晋洲省增值税专用发票

开票日期：200×年 12 月 24 日　　　　No 003625

购货单位	名　称	太晋钢铁公司	纳税人登记号	56247896001
	地址　电话	草坪路 369 号	开户银行及账号	工商银行钢城办事处 265489111

商品或劳务名称	计量单位	数量	单价	金额 千	百	十	万	千	百	十	元	角	分	税率 %	税额 千	百	十	万	千	百	十	元	角	分
机床	台	1	300 000			3	0	0	0	0	0	0	0	17				5	1	0	0	0	0	0
合　计					¥	3	0	0	0	0	0	0	0				¥	5	1	0	0	0	0	0

价税合计（大写）	×仟×佰叁拾伍万壹仟零佰零拾零元零角零分		¥351 000.00	
销货单位	名　称	光华机床厂	纳税登记号	65489735001
	地址　电话	光华路 23 号	开户银行及账号	工商银行长江路办事处 269744356

收款人：杨洋　　　　开票单位：　　　　结算方式：转账

第二联　发票联　购货方记账

晋洲省增值税专用发票

开票日期：200×年 12 月 24 日　　　　No 003625

购货单位	名　称	太晋钢铁公司	纳税人登记号	56247896001
	地址　电话	草坪路 369 号	开户银行及账号	工商银行钢城办事处 265489111

商品或劳务名称	计量单位	数量	单价	金额 千	百	十	万	千	百	十	元	角	分	税率 %	税额 千	百	十	万	千	百	十	元	角	分
机床	台	1	300 000			3	0	0	0	0	0	0	0	17				5	1	0	0	0	0	0
合　计					¥	3	0	0	0	0	0	0	0				¥	5	1	0	0	0	0	0

价税合计（大写）	×仟×佰叁拾伍万壹仟零佰零拾零元零角零分		¥351 000.00	
销货单位	名　称	光华机床厂	纳税登记号	65489735001
	地址　电话	光华路 23 号	开户银行及账号	工商银行长江路办事处 269744356

收款人：杨洋　　　　开票单位：　　　　结算方式：转账

第三联　购货方作抵扣税款凭证

中国工商银行转账支票存根

支票号码　2009623

科　　目　银行存款

对方科目　固定资产

出票日期　200×年 12 月 24 日

收款人	光华机床厂
金　额	￥351 000.00
用　途	购机床
备　注	

单位主管　　会计：张精明

5．12 月 24 日购入材料一批。

晋洲省增值税专用发票

开票日期：200×年 12 月 24 日　　　　No　003625

购货单位				
购货单位	名　　称	太晋钢铁公司	纳税人登记号	56247896001
购货单位	地址　电话	草坪路 369 号	开户银行及账号	工商银行钢城办事处 265489111

商品或劳务名称	计量单位	数量	单价	金额										税率	税额									
				千	百	十	万	千	百	十	元	角	分	%	千	百	十	万	千	百	十	元	角	分
8mm 线材	吨	20	5 000			1	0	0	0	0	0	0	0	17				1	7	0	0	0	0	0
合　计					￥	1	0	0	0	0	0	0	0				￥	1	7	0	0	0	0	0

价税合计（大写）	×仟×佰壹拾壹万柒仟零佰零拾零元零角零分		￥117 000.00	
销货单位	名　　称	大发钢铁厂	纳税登记号	67894563200
销货单位	地址　电话	望江路 32 号	开户银行及账号	工商银行望江路办事处 236986543

收款人：　　　　开票单位：　　　　结算方式：暂欠

第二联　发票联　购货方记账

晋洲省增值税专用发票

开票日期：200×年12月24日　　　　　　No　003625

购货单位	名　称	太晋钢铁公司	纳税人登记号	56247896001
	地址　电话	草坪路369号	开户银行及账号	工商银行钢城办事处 265489111

商品或劳务名称	计量单位	数量	单价	金额										税率	税额									
				千	百	十	万	千	百	十	元	角	分	%	千	百	十	万	千	百	十	元	角	分
8mm线材	吨	20	5 000			1	0	0	0	0	0	0	0	17				1	7	0	0	0	0	0
合　计					¥	1	0	0	0	0	0	0	0				¥	1	7	0	0	0	0	0

价税合计（大写）	×仟×佰壹拾壹万柒仟零佰零拾零元零角零分　　¥117 000.00			
销货单位	名　称	大发钢铁厂	纳税登记号	67894563200
	地址　电话	望江路32号	开户银行及账号	工商银行望江路办事处 236986543

第三联　购货方作抵扣税款凭证

收款人：　　　　开票单位：　　　　结算方式：暂欠

材料入库单

太晋钢铁公司　　　　200×年12月24日　　　　单位：元

材料名称	规　格	单　位	数　量	单　价	金　额	发货单位	
线　材	8mm	吨	20	5 000	100 000.00	大发钢铁厂	
						合同号	552

财务主管：张冰洁　　供应科长：李建　　验收：王国宁　　采购员：李力

6．12月24日，开出支票支付广告费。

晋洲市广告业专用发票

客户名称：太晋钢铁公司　　200×年12月24日　　No 2365478

项目	单位	数量	单价	万	千	百	十	元	角	分
产品广告	次	20	200		4	0	0	0	0	0
合计金额（大写）	肆仟零佰零拾零元零角零分			¥	4	0	0	0	0	0

第二联 报销凭证

单位盖章：　　收款人：张辉　　制票人：杨星

中国工商银行转账支票存根

支票号码　2009623

科　　目　银行存款

对方科目　营业费用

出票日期　200×年12月24日

收款人	创新广告公司
金　额	¥4 000.00
用　途	产品广告费
备　注	

单位主管　　会计：张精明

7．12月24日，销售产品一批。

晋洲省增值税专用发票

开票日期：200×年12月24日　　　　　　No 003625

购货单位	名　称	光明工厂	纳税人登记号	26968354441
	地址　电话	光明路10号	开户银行及账号	工商银行大河支行 698541233

商品或劳务名称	计量单位	数量	单价	金额										税率	税额									
				千	百	十	万	千	百	十	元	角	分	%	千	百	十	万	千	百	十	元	角	分
A产品	台	200	2 000			4	0	0	0	0	0	0	0	17				6	8	0	0	0	0	0
合　计					¥	4	0	0	0	0	0	0	0				¥	6	8	0	0	0	0	0

价税合计（大写）	×仟×佰肆拾陆万捌仟零佰零拾零元零角零分			¥468 000.00
销货单位	名　称	太晋钢铁公司	纳税登记号	56247896001
	地址　电话	草坪路369号	开户银行及账号	工商银行钢城办事处 265489111

收款人：方华　　　　开票单位：　　　　　　结算方式：转账

第四联　销货方记账

中国工商银行进账单（收账通知）

200×年12月24日　　　　　　第12号

收款人	全　称	太晋钢铁公司	付款人	全　称	光明工厂
	账　号	265489111		账　号	698541233
	开户银行	工商银行钢城办事处		开户银行	工商银行大河支行

人民币（大写）	千	百	十	万	千	百	十	元	角	分
肆拾陆万捌仟元整		¥	4	6	8	0	0	0	0	0

票据种类	转账支票	收款人开户银行盖章
票据张数	1张	
单位主管　　会计　　复核　　记账		

此联是银行交给收款人的回单

8. 职工出差借款。

借 款 单

200×年12月25日

工作单位	姓　名	借款金额	批准金额	备　注
销售部	张扬	3 000	3 000	
人民币（大写）　叁仟元整				
借款理由	开商品展销会			

批准人：刘莉　　审核　　借款人：张扬　　经办人

9．12月26日，支付车间机器设备的修理费。

晋洲市工业企业销售统一发票

购货单位：太晋钢铁公司　　200×年12月26日　　No 5698723

产品或劳务名称	规　格	单　位	数　量	单　价	金额 十	万	千	百	十	元	角	分
修理费		工时	30	30.00				9	0	0	0	0
合计金额（大写）人民币玖佰元整							¥	9	0	0	0	0

第二联　报销凭证

单位盖章：　　收款人：李梅　　制票人：齐平

中国工商银行转账支票存根

支票号码　3026587

科　　目　银行存款

对方科目　制造费用

出票日期　200×年12月26日

收款人	宏大修理厂
金　额	¥900.00
用　途	机床修理费
备　注	

单位主管　　会计：张精明

10．12月26日，销售产品一批。太晋钢铁公司代垫运杂费2 300元，并办好托收手续。

晋洲省增值税专用发票

开票日期：200×年 12 月 26 日　　　　No　003625

购货单位	名　　称	成都金福公司	纳税人登记号	32566488921
	地址　电话	金福街 10 号	开户银行及账号	工商银行金福支行 236589441

商品或劳务名称	计量单位	数量	单价	金额 千	百	十	万	千	百	十	元	角	分	税率 %	税额 千	百	十	万	千	百	十	元	角	分
B 产品	台	120	2 500			3	0	0	0	0	0	0	0	17				5	1	0	0	0	0	0
合　计					¥	3	0	0	0	0	0	0	0				¥	5	1	0	0	0	0	0

价税合计（大写）	仟佰叁拾伍万壹仟零佰零拾零元零角零分	¥351 000.0		
销货单位	名　　称	太晋钢铁公司	纳税登记号	56247896001
	地址　电话	草坪路 369 号	开户银行及账号	工商银行钢城办事处 265489111

收款人：李华　　开票单位：　　　　结算方式：托收

第四联　销货方记账

铁路局运杂费专用发票

运输号码 69874　　　　成都铁路局　　　　No　125698

发站	金江	到站	晋洲	车种车号		货物自重	
集装箱型		运到期限		保价金额		运价里程	
收货人 全称	成都金福公司	发货人 全称	太晋钢铁公司			现付费用	
收货人 地址	金福街 10 号	发货人 地址	草坪路 369 号			项目	金额
货物名称	件数	货物重量	计费重量	运价号	运价率	附记	运费　2 000.00
B 产品	5 件	2 000 公斤					保险费　300.00
发货人声明事项							
铁路声明事项						合计	2 300.00

第二联　报销凭证

中国工商银行转账支票存根

支票号码 2009623

科 目 银行存款

对方科目 应收账款

出票日期 200×年12月26日

收款人	金江火车站
金 额	¥2 300.00
用 途	代垫运费
备 注	

单位主管 会计：张精明

托收承付凭证（回单）

委托日期：200×年12月26日 No 264321

<table>
<tr><td rowspan="3">收款人</td><td>全 称</td><td>太晋钢铁公司</td><td rowspan="3">付款人</td><td>全 称</td><td colspan="9">成都金福公司</td></tr>
<tr><td>账 号</td><td>265489111</td><td>账 号</td><td colspan="9">236589441</td></tr>
<tr><td>开户银行</td><td>工商银行钢城办事处</td><td>开户银行</td><td colspan="9">工商银行金福支行</td></tr>
<tr><td rowspan="2">委托收款金额</td><td colspan="4" rowspan="2">人民币（大写） 叁拾伍万叁仟叁佰元整</td><td>百</td><td>十</td><td>万</td><td>千</td><td>百</td><td>十</td><td>元</td><td>角</td><td>分</td></tr>
<tr><td>¥</td><td>3</td><td>5</td><td>3</td><td>3</td><td>0</td><td>0</td><td>0</td><td>0</td></tr>
<tr><td colspan="2">附寄单据</td><td>4</td><td>商品发运情况</td><td></td><td colspan="4">合同号码</td><td colspan="5">32564</td></tr>
<tr><td>备注</td><td colspan="2">款项收托日期
年 月 日</td><td colspan="11">开户银行盖章
200×年12月26日</td></tr>
</table>

此联是银行给收款人的回单

11．12月28日，取得借款。

借款借据（入账通知）

单位编号：3658　　日期：200×年12月28日　　No　654789

收款单位	名　称	太晋钢铁公司	付款单位	名　称	工商银行钢城办事处									
	往来账号	265489111		往来账号	698425661									
	开户银行	工商银行钢城办事处		开户银行	工商银行钢城办事处									
借款金额		人民币（大写）　伍拾万元整			百	十	万	千	百	十	元	角	分	
					¥	5	0	0	0	0	0	0	0	
借款原因用途		购材料		利率	10%									
借　款　期　限				你单位上列借款，已转入你单位结算户内。借款到期时由我行按期自你单位结算账户转还。此致（银行盖章）200×年12月28日										
期限	计划还款日期	计划还款金额												
1	2006年6月28日													
2														
3														

此联由银行退借款单位作入账通知

12．12月29日，收到转账支票用以支付上月的欠款，当即存入银行。

中国工商银行进账单（收账通知）

200×年12月29日　　第14号

收款人	全　称	太晋钢铁公司	付款人	全　称	宏大公司										
	账　号	265489111		账　号	698745121										
	开户银行	工商银行钢城办事处		开户银行	工商银行大河支行										
人民币（大写）　伍万陆仟元整					千	百	十	万	千	百	十	元	角	分	
							¥	5	6	0	0	0	0	0	
票据种类	转账支票		收款人开户银行盖章												
票据张数	1张														
单位主管　会计　复核　记账															

此联是银行交给收款人的回单

13．12月30日，收到金福公司货款。

托收承付凭证（收账通知）

委托日期：200×年12月29日　　　　No 264321

收款人	全　称	太晋钢铁公司	付款人	全　称	成都金福公司
	账　号	265489111		账　号	236589441
	开户银行	工商银行钢城办事处		开户银行	工商银行金福支行

委托收款金额	人民币（大写）　叁拾伍万叁仟叁佰元整	百	十	万	千	百	十	元	角	分
		¥	3	5	3	3	0	0	0	0

附寄单据	4	商品发运情况		合同号码	32564
备注	款项收托日期 200×年12月29日		开户银行盖章 200×年12月26日		

此联是银行给收款人的入账通知

14. 12月29日，偿还上月购料款。

中国工商银行电汇凭证（回单）

200×年12月29日

付款人	全称	太晋钢铁公司			收款人	全称	大发钢铁厂		
	账号	265489111				账号	67894563200		
	汇出地点	晋洲市	汇出行名称	工商银行钢城办事处		汇入地点	四川成都市	汇入行名称	工商银行望江办事处

汇入金额	人民币（大写）　柒万元整	千	百	十	万	千	百	十	元	角	分
				¥	7	0	0	0	0	0	0

汇款用途　前欠货款	汇出银行盖章
上列款项已根据委托办理，如需查询，请持次回单来行面洽	200×年12月29日

此联是银行交给收款人的回单

15. 职工交来现金偿还借款。

收 据

200×年12月29日

今收到职工 彭梅英					
人民币（大写）壹仟元整 ¥1 000.00					
事由：住院借款				现金：√	
				支票	
收款单位		财务主管		收款人	李华

此联为报销凭证

16．12月30日，分配结转本月工资费用。

工资费用汇总分配表

12月30日　　　单位：元

车间、部门		应分配金额
车间生产人员	A产品工人	40 000.00
	B产品工人	20 000.00
	车间生产人员工资合计	60 000.00
车间管理人员		10 000.00
厂部管理人员		5 000.00
专设销售机构人员		3 000.00
合计		78 000.00

主管：　　　审核：李红　　　制单：贺小燕

17．计提职工福利费。

职工福利费计提表

12月30日　　　　　　单位：元

车间、部门		工资总额	计提比例（%）	计提金额
车间生产人员	A产品工人	40 000.00	14	5 600.00
	B产品工人	20 000.00	14	2 800.00
	小计	60 000.00	14	8 400.00
车间管理人员		10 000.00	14	1 400.00
厂部管理人员		5 000.00	14	700.00
专设销售机构人员		3 000.00	14	420.00
合计		78 000.00		10 920.00

主管：　　　　　　审核：李红　　　　　　制单：贺小燕

六、案例题

一、目的：掌握各类原始凭证的填制及审核方法。

二、资料：

新华工厂

开户银行：中国工商银行大营盘办事处，简称大办

账号：147258379　　地址：晋洲市大营盘339号

税务登记号：140102630101234，增值税税率17 %

200×年12月10日，供应科业务员持发票报销。

付款凭证

贷方科目：现金　　　　200×年12月10日　　　　现付字10号

摘要	总账科目	明细科目	百	十	万	千	百	十	元	角	分	记账
业务招待费	管理费用						5	5	0	0	0	
合计金额												

附件　张

会计主管：　　记账：　　复核：　　制单：张明　　出纳：

晋洲市餐饮业统一发票　No　236345

客户名称：新华公司　　　　200×年12月10日

项目	单位	数量	单价	金额							
				十	万	千	百	十	元	角	分
就餐费			450				4	5	0	0	0
合计金额（大写）人民币肆佰伍拾元整						¥	4	5	0	0	0

第二联　发票联

单位盖章：　　　　收款人：刘艳　　　　制票人：王欣

要求：作为公司的会计，你对凭证进行审核，并指出存在的问题。

第三部分　参考答案

二、填空题

1. 自制原始凭证　　外来原始凭证
2. 现金付款凭证　　银行存款付款凭证
3. 收款凭证　　付款凭证　　转账凭证
4. 整理　　装订　　归档存查
5. 通用记账凭证

三、单项选择题

1. C　2. C　3. C　4. D　5. C　6. C

四、多项选择题

1. ABC　2. BD　3. ACDE　4. ABCD　5. BD　6. ABCE　7. ABDE

五、实务题

练习一

1.

中国工商银行
现金支票存根
Ⅵ Ⅱ03335689
科　　目＿＿＿＿＿＿
对方科目＿＿＿＿＿＿
签发日期

收款人＿＿＿＿＿＿
金　额＿＿＿＿＿＿
用　途＿＿＿＿＿＿
备注

单位主管　　　　会计

本支票付款期十天

中国工商银行　现金支票　　　Ⅵ Ⅱ03335689
出票日期（大写）贰零零×年壹拾贰月壹日　开户行名称
签发人账号　147258379
收款人新华工厂

人民币	千	百	十	万	千	百	十	元	角	分
（大写）壹仟元整					¥	1	0	0	0	0	0

用途＿＿＿＿＿＿　　　科目（借）＿＿＿＿＿＿
上列款项请从我账户内支付　　对方科目（贷）＿＿＿＿＿＿
付讫日期　　年　　月　　日
签发人盖章　　　出纳　　记账　　复核

2.

借　款　单

200×年12月1日

工作单位	姓名	借款金额	批准金额	备注
太晋钢铁公司	王明峰	¥500.00	¥500.00	
人民币（大写）伍佰元整				
借款理由	采购材料			

批准人　王露　　审核　韩敏　王虎城　　借款人　王明峰　　经办人　韩敏

3.

中国工商银行进账单（收账通知） 4

200×年12月1日　　第12号

收款人	全　称	新华工厂	付款人	全　称	光明工厂
	账　号	147258379		账　号	3867926
	开户银行	工商银行大营盘办事处		开户银行	工商银行广场办事处

人民币（大写）	千	百	十	万	千	百	十	元	角	分
捌万元整			¥	8	0	0	0	0	0	0

票据种类	转账支票	收款人开户银行盖章
票据张数	1张	
单位主管　王虎城　　会计　　复核　韩敏　　记账		

此联是银行交给收款人的回单

4.

晋洲省增值税专用发票

开票日期：200×年12月2日　　No

购货单位	名　称	光明工厂	纳税人登记号	142112622102026
	地址　电话	新建北路138号	开户银行及账号	工商银行广场办事处 3867926

商品或劳务名称	计量单位	数量	单价	金额 千	百	十	万	千	百	十	元	角	分	税率%	税额 千	百	十	万	千	百	十	元	角	分
甲产品	件	200	400				8	0	0	0	0	0	0	17				1	3	6	0	0	0	0
乙产品	件	200	300				6	0	0	0	0	0	0					1	0	2	0	0	0	0
合　计					¥	1	4	0	0	0	0	0	0				¥	2	3	8	0	0	0	0

价税合计（大写）	仟　佰壹拾陆万叁仟捌佰零拾零元零角零分　　¥163 800.00

销货单位	名　称	新华工厂	纳 税 登 记 号	140102630101234
	地址　电话	大营盘339号	开户银行及账号	工商银行大营盘办事处 147258379

收款人：　　开票单位：　　结算方式：转账

第四联　销货方记账

5.

中国建设银行　现金交款单（回单）　①

200×年 12 月 10 日

收款单位	全　称	新华工厂		款项来源	超过限额零星现金
	账　号	147258379	开户银行	工商银行大办	
人民币（大写）贰仟捌佰元整				千百十万千百十元角分	¥280000

辅币	卷别	伍角	贰角	壹角	伍分	贰分	壹分	（银行盖章）
	张数							
主币	卷别	壹佰元	伍拾元	贰拾元	壹拾元	伍元	贰元	壹元
	张数	20	10		30			

收款员
复核

第一联　由银行盖章后退回单位

练习二

1.

付款凭证

贷方科目：银行存款　　200×年 12 月 21 日　　银付字第 01 号

摘　要	借方科目		金　额	记账符号
	总账科目	明细科目		
提取现金	现金		2 000	√
附单据 1 张		合　计	¥2 000	√

会计主管：　记账　出纳　审核　制证

2.

付款凭证

贷方科目：银行存款　　200×年 12 月 22 日　　银付字第 02 号

摘　要	借方科目		金　额	记账符号
	总账科目	明细科目		
购入材料	物资采购	40＃圆钢	260 000	√
	应交税费	应交增值税	44 200	
附单据 3 张		合计	¥304 200	√

会计主管：张冰洁　记账　出纳　审核　制证

转账凭证

200×年 12 月 22 日　　　　转字第 01 号

摘　　要	总账科目	明细账科目	借方金额	贷方金额	过账
材料入库	原材料	40＃圆钢	260 000		√
	材料采购	40＃圆钢		260 000	√
附单据 1 张	合　　计		¥260 000	¥260 000	

会计主管：张冰洁　　记账　　审核　　制证

3．

付款凭证

贷方科目：现金　　200×年 12 月 23 日　　现付字第 01 号

摘　　要	借方科目		金　额	记账符号
	总账科目	明细科目		
购入办公用品	管理费用	办公费用	600	√
附单据 1 张		合　　计	¥600	√

会计主管：张冰洁　　记账　　出纳　　审核　　制证

4．

付款凭证

贷方科目：银行存款　　200×年 12 月 24 日　　银付字第 03 号

摘　　要	借方科目		金　额	记账符号
	总账科目	明细科目		
购入机床	固定资产	机床	351 000	√
附单据 3 张		合　　计	¥351 000	√

会计主管：张冰洁　　记账　　出纳　　审核　　制证

5.

转账凭证

200×年 12 月 24 日　　　　转字第 02 号

摘　　要	总账科目	明细账科目	借方金额	贷方金额	过账
购入材料	材料采购	8mm 线材	100 000		√
	应交税费	应交增值税	17 000		√
	应付账款	大发钢铁厂		117 000	
附单据 2 张	合　　计		¥117 000	¥117 000	

会计主管：张冰洁　　记账　　审核　　制证

转账凭证

200×年 12 月 24 日　　　　转字第 03 号

摘　　要	总账科目	明细账科目	借方金额	贷方金额	过账
材料入库	原材料	8mm 线材	117 000		√
	材料采购	8mm 线材		117 000	√
附单据 1 张	合　　计		¥117 000	¥117 000	

会计主管：张冰洁　　记账　　审核　　制证

6.

付款凭证

贷方科目：银行存款　　200×年 12 月 24 日　　银付字第 04 号

摘　　要	借方科目		金　额	记账符号
	总账科目	明细科目		
支付广告费	营业费用	广告费	4 000	√
附单据 2 张		合　　计	¥4 000	√

会计主管：张冰洁　　记账　　出纳　　审核　　制证

7.

收款凭证

借方科目：银行存款　　200×年12月24日　　银收字第01号

摘　　要	贷方科目		金　额	记账符号
	总账科目	明细科目		
销售产品	主营业务收入	A产品	400 000	√
	应交税费	应交增值税	68 000	√
附单据2张		合　计	￥468 000	√

会计主管：张冰洁　　记账　　出纳　　审核　　制证

8.

付款凭证

贷方科目：现金　　200×年12月25日　　现付字第01号

摘　　要	借方科目		金　额	记账符号
	总账科目	明细科目		
借差旅费用	其他应收款	张扬	3 000	√
附单据1张		合　计	￥3 000	√

会计主管：张冰洁　　记账　　出纳　　审核　　制证

9.

付款凭证

贷方科目：银行存款　　200×年12月26日　　银付字第05号

摘　　要	借方科目		金　额	记账符号
	总账科目	明细科目		
支付修理费用	制造费用	修理费	900	√
附单据2张		合　计	￥900	√

会计主管：张冰洁　　记账　　出纳　　审核　　制证

10.

付款凭证

贷方科目：银行存款　　200×年12月26日　　银付字第06号

摘要	借方科目		金额	记账符号
	总账科目	明细科目		
代垫运杂费用	应收账款	成都金福公司	2 300	√
附单据3张		合计	¥2 300	√

会计主管：张冰洁　　记账　　出纳　　审核　　制证

转账凭证

200×年12月26日　　转字第04号

摘要	总账科目	明细账科目	借方金额	贷方金额	过账
销售产品	应收账款	成都金福	351 000		√
	主营业务收入			300 000	√
	应交税费	应交增值税		51 000	
附单据1张	合计		¥351 000	¥351 000	

会计主管：张冰洁　　记账　　审核　　制证

11.

收款凭证

借方科目：银行存款　　200×年12月28日　　银收字第02号

摘要	贷方科目		金额	记账符号
	总账科目	明细科目		
借入款项	短期借款		500 000	√
附单据1张		合计	¥500 000	√

会计主管：张冰洁　　记账　　出纳　　审核　　制证

12.

收款凭证

借方科目：银行存款　　　　200×年12月29日　　　　银收字第03号

摘　　要	贷方科目		金　额	记账符号
	总账科目	明细科目		
收到上月欠款	应收账款	宏大公司	56 000	√
附单据1张		合　计	¥56 000	√

会计主管：张冰洁　　记账　　出纳　　审核　　制证

13.

收款凭证

借方科目：银行存款　　　　200×年12月30日　　　　银收字第04号

摘　　要	贷方科目		金　额	记账符号
	总账科目	明细科目		
收到金福公司货款	应收账款	金福公司	353 300	√
附单据1张		合　计	¥353 300	√

会计主管：张冰洁　　记账　　出纳　　审核　　制证

14.

付款凭证

贷方科目：银行存款　　　　200×年12月29日　　　　银付字第07号

摘　　要	借方科目		金　额	记账符号
	总账科目	明细科目		
偿还上月购料款	应付账款	大发钢铁公司	70 000	√
附单据1张		合　计	¥70 000	√

会计主管：张冰洁　　记账　　出纳　　审核　　制证

15.

收款凭证

借方科目：现金　　　　　200×年12月29日　　　　　现收字第01号

摘要	贷方科目		金额	记账符号
	总账科目	明细科目		
收到职工交来欠款	其他应收账款	彭梅英	1 000	√
附单据1张		合计	¥1 000	√

会计主管：张冰洁　　记账　　出纳　　审核　　制证

16.

转账凭证

200×年12月30日　　　　　转字第05号

摘要	总账科目	明细账科目	借方金额	贷方金额	过账
分配工资	生产成本	A产品工人	40 000		
		B产品工人	20 000		
	制造费用		10 000		
	管理费用	厂部管理人员	15 000		
	营业费用	专设销售机构人员	13 000		
	应付工资			98 000	
附单据1张	合计		¥98 000	¥98 000	✓

会计主管：张冰洁　　记账　　审核　　制证

17.

转账凭证

200×年12月30日　　　　　转字第06号

摘要	总账科目	明细账科目	借方金额	贷方金额	过账
提取福利费	生产成本	A产品工人	5 600		
		B产品工人	2 800		
	制造费用		1 400		
	管理费用		2 100		
	营业费用		1 820		
	应付职工薪酬			13 720	
附单据1张	合计		¥13 720	¥13 720	✓

会计主管：张冰洁　　记账　　审核　　制证

六、案例题

存在问题是：原始凭证和记账凭证记录的金额不一致，在此例报销业务中，发票上注明的金额为450元，而编制的记账凭证上的金额为550元，多记录了100元。

第六章

会计账簿

第一部分　实训指导

一、本章主要内容

- 会计账簿
  - 账簿的种类
    - 按账簿用途分
      - 序时账簿
      - 分类账簿
      - 备查账簿
    - 按外表形式分
      - 订本式账簿
      - 活页式账簿
      - 卡片式账簿
  - 账簿的设置与登记
    - 日记账的设置与登记
    - 分类账的设置与登记
    - 备查账的设置与登记
  - 账簿的规则
    - 账簿启用规则
    - 账簿登记规则
    - 账簿保管和更换
  - 对账和结账
    - 对账
    - 结账
  - 错账更正方法
    - 划线更正法
    - 红字更正法
    - 补充登记法

二、本章重点、难点

账簿按其用途分类，可以分为序时账簿、分类账簿和备查账簿。序时账簿又称日记账，它是指按照经济业务发生时间的先后顺序，逐日逐笔登记的账簿。序时账簿可以用来及时、详细地反映经济业务的发生和完成情况，提供连续系统的会计核算资料。分类账簿是指对经济业务进行分类登记的账簿。按照账簿反映内容的详细程度不同，分类账簿可分为总分类账簿和明细分类账簿两种。备查账簿是指对某些序时账簿和分类账簿中未能记载或记载不全的经济业务进行补充登记的账簿。

账簿按其外表形式分类，可以分为订本式账簿、活页式账簿、卡片式账簿。订本式账簿，简称“订本账”，是指在启用前，预先把若干具有专门格式的账页装订成册、并在每张账页上进行编号的账簿。活页式账簿是指把零散的、具有一定格式的账页放在账夹内，可以随时取放的账簿。卡片式账簿，又称卡片账，它是由若干零散的、具有专门格式的硬纸卡片放在卡片箱内组成的账簿。

账簿是系统记录会计信息资料的工具，是储存信息资料的重要会计档案，为了保证账簿记录内容的合法性与合理性，明确经济责任。在账簿启用时，应当在账簿封面上写明单位名称和账簿名称。在账簿扉页上填写“账簿启用表”。登记账簿是会计核算的专门方法之一，为了保证会计核算的质量，完成会计工作任务，必须认真做好记账工作，切实做到登账及时、内容完整、数字正确、摘要清楚，并且不漏记账、不错记账和不重复记账等，为此，登记账簿必须严格遵守其基本规则。

现金日记账是由出纳人员根据审核无误的现金收、付款凭证，序时逐笔登记企业库存现金增减变动及其结存情况的账簿。现金日记账一般采用三栏式，即“收入”、“付出”和“结余”三栏。每日营业终了，出纳人员应分别计算出现金收入和付出合计数及账面余额，并将现金日记账余额与库存现金实有数进行核对，检查每日现金收、付和结存情况，做到账实相符。银行存款日记账是由出纳人员根据审核无误的银行存款收、付款凭证，序时逐笔登记企业银行存款的增减变动和结存情况的账簿。银行存款日记账一般也采用三栏式。每日营业终了，出纳人员应结出银行存款账面余额，以便于检查监督各项收支款项，便于定期与银行发来的对账单逐笔进行核对。

总分类账一般采用“三栏式”，其基本结构为“借方”、“贷方”和“余额”三栏。总分类账采用货币计量单位，对企业的经济活动只进行价值反映。其登记方法取决于不同的会计核算形式。明细分类账的格式主要有三栏式明细账、数量金额式明细账、多栏式明细账和平行登记式明细账四种。各种明细账直接根据记账凭证或记账凭证以及所附原始凭证逐日逐笔登记。

平行登记是指对发生的每一项经济业务，根据会计凭证，既要在有关的总分类账中进行总括登记，又要在其所属的有关明细账中进行详细登记。其要点为：总分类账和明细分类账登记的依据相同，方向一致，金额相等。

对账就是核对账目，即把账簿记录与会计凭证核对、各种账之间核对、账簿记录与实物及货币资金的实存数核对，以保证会计核算资料正确可靠的一项会计工作。其主要内容包括账证核对、账账核对、账实核对。

结账是指在把一定时期内所发生的全部经济业务都登记入账的基础上，结算出各种账户的本期发生额和期末余额的一项会计核算工作。

错账更正方法分为划线更正法、红字更正法、补充登记法。

划线更正法适用于在结账以前，如果发现账簿记录上的数字或文字有错误，或数字计算错误而原记账凭证无错误的情况。

红字更正法适用于两种情况：(1) 记账以后，如果发现记账凭证中应借、应贷科目错误，而导致账簿记录错误。发生的这种错误不论是结账前还是结账后，均按红字更正法予以更正。(2) 记账后，如果发现记账凭证应借、应贷科目正确，凭证上所记金额大于应记金额，由此导致账簿记录错误，也可采用红字更正法。

补充登记法适用于记账后，若发现记账凭证中应借、应贷科目正确，但金额错误，凭证上所记金额小于应记金额，由此导致账簿记录错误的情况。

第二部分　实训练习

一、思考题

1. 什么是会计账簿？为什么要设置会计账簿？

2. 会计账簿按其用途和外表形式如何分类？

3. 什么是序时账簿、分类账簿？如何设置和登记？

4. 订本式账簿、活页式账簿各有什么优缺点？总分类账、日记账、材料和固定资产等明细账各应采用什么形式？

5. 明细分类账的格式有几种？分别适用于哪些账户？

6. 总分类账和明细分类账有何关系？

7. 什么是平行登记？在总分类账和明细分类账中如何进行平行登记？

8. 账簿启用和登记有哪些规则？

9. 错账更正方法有几种？分别在什么情况下适用？

10. 什么是对账？对账具体包括哪些内容？

11. 什么是结账？如何结账？

二、单项选择题（从每小题的备选答案中选出一个正确答案，并将正确答案的序号填入括号内）

1. 现金日记账和银行存款日记账必须采用（　　）账簿。

A. 活页式　　B. 订本式

C. 卡片式　　D. 数量金额式

2. 账簿中书写的文字和数字应（　　）。

A. 写满格　　B. 占 1/3

C. 占 1/2　　D. 占 2/3

3. 下列账户的明细账户应采用数量金额式的有（　　）。

A. 原材料　　B. 应收账款

C. 生产成本　　D. 其他应收款

4. 下列账户的明细账户应采用三栏式的有（　　）。

A. 制造费用　　B. 应付账款

C. 库存商品　　D. 财务费用

5. 下列账户的明细账可采用卡片式的有（　　）。

A. 原材料　　B. 应收账款

C. 固定资产　　D. 生产成本

6. 在登记总账时使用的计量单位是（　　）。

A. 货币　　B. 公斤

C. 工作日　　D. 平方米

7. 日记账由（　　）逐日逐笔登记。

A. 会计人员　　B. 会计主管

C. 财务总监　　D. 出纳人员

8. 下列账户的明细应采用多栏式的有（　　）。

A. 管理费用　　B. 应付账款

C. 库存商品　　D. 原材料

9. 记账凭证上应借科目名称错了，导致账簿错了应采用（　　）进行更正。

A. 划线更正法　　B. 补充登记法

C. 红字更正法　　D. 蓝字登记法

10. 登记明细账的依据是（ ）。

A. 记账凭证　　B. 记账凭证及所附原始凭证

C. 原始凭证　　D. 汇总原始凭证

三、多项选择题（从每小题的备选答案中选出至少两个正确答案，并将正确答案的序号填入括号内）

1. 下列账簿应采用订本账的是（ ）。

A. 现金日记账　　B. 银行存款日记账

C. 总账　　D. 原材料明细账

2. 对账的主要内容包括（ ）。

A. 账证核对　　B. 账账核对

C. 账实核对　　D. 账表核对

3. 账页的基本内容应包括（ ）。

A. 账户的名称　　B. 记账日期

C. 记账凭证的种类和号数　　D. 金额栏

4. 总账和明细账平行登记的要点有（ ）。

A. 同时登记　　B. 依据相同

C. 方向一致　　D. 金额相等

5. 下列账户的明细账应采用多栏式的有（ ）。

A. 原材料　　B. 制造费用

C. 生产成本　　D. 管理费用

6. 下列账户的明细账应采用三栏式的有（ ）。

A. 应收账款　　B. 其他应收款

C. 应付账款　　D. 库存商品

7. 总分类账与所属明细账的关系是（ ）。

A. 总账控制或统驭所属明细账

B. 明细账补充和说明总账

C. 总账和所属明细账反映经济业务的内容相同

D. 明细账控制或统驭总分类账。

8. 错账更正的方法（ ）。

A. 划线更正法　　B. 红字更正法

C. 补充登记法　　D. 蓝字登记法

9. 会计账簿按其用途不同可分为（ ）。

A. 序时账簿　　B. 分类账簿
C. 明细分类账簿　　D. 备查账簿

10. 结账按时间可分为（　　）。
A. 月份　　B. 季度
C. 半年度　　D. 年度

四、判断题（正确的在括号内打√，错误的在括号内打×）

1. 设置和登记账簿是会计核算的一种专门方法。（　）
2. 订本式账簿具有不易散失，防止抽换账页和便于分工记账等特点。（　）
3. 现金日记账在每天营业终了时必须结出账面余额，并与库存现金实存金额进行核对。（　）
4. 各单位都必须按照统一规定设置明细账。（　）
5. 总分类核算和明细分类核算只运用货币度量，一般常用的是三栏式。（　）
6. 明细账一般情况下应根据有关原始凭证、记账凭证或原始凭证汇总表逐笔登记。（　）
7. 总账与其明细账所记录的经济业务内容相同，区别只是提供核算资料的详细程度不同。（　）
8. 登记账簿时可以用蓝黑墨水或者碳素墨水书写，也可以使用圆珠笔书写，但不能使用铅笔。（　）
9. 更正错账时编制的记账凭证，可以不附原始凭证。（　）
10. 为了保证总账与所属明细账的记录相符，总账应根据其所属明细账的记录逐笔或汇总登记。（　）

五、实务题

练习一

一、目的：练习日记账的登记方法。

二、资料：

1. 丽华厂200×年7月初现金及银行存款账户的余额分别为450元和25 000元。

2. 该厂7月份发生下列经济业务：

(1) 7月2日接受甲公司投入资本20 000元存入银行；

（2）7月2日购入甲材料15 000元，增值税税率17%，款项用银行存款支付；

（3）7月2日以银行存款6 000元归还银行短期借款；

（4）7月2日收到上月A工厂前欠销货款5 600元，存入银行；

（5）7月2日以银行存款归还上月欠红星公司购货款8 500元；

（6）7月2日从银行提取现金2 000元；

（7）7月2日用现金500元购买厂部办公用品一批；

（8）7月2日以现金支付李军预借差旅费1 000元；

（9）7月2日以银行存款上交所得税560元；

（10）7月2日向银行借入期限为六个月的借款25 000元，存入银行；

（11）7月4日李军报销差旅费800元，交回多余现金200元；

（12）7月4日销售Ⅰ号产品一批，共计售价30 000元，增值税税率17%，款项已存入银行。

三、要求：

1. 根据资料1将现金和银行存款账户的月初余额分别过入现金及银行存款日记账。

2. 根据资料2编制收款凭证和付款凭证。

3. 根据收款凭证、付款凭证登记现金日记账、银行存款日记账并结算本月发生额及月末余额。

收款凭证

借方科目：　　　　　　　　　年　月　日　　　　　　　　　收字第　号

摘　要	贷方科目		金　额	记账
	总账科目	明细科目		
附件　　张	合计金额			

收款凭证

借方科目：　　　　　　　　　年　月　日　　　　　　　　收字第　号

<table>
<tr><td rowspan="2">摘　要</td><td colspan="2">贷方科目</td><td rowspan="2">金　额</td><td rowspan="2">记账</td></tr>
<tr><td>总账科目</td><td>明细科目</td></tr>
<tr><td></td><td></td><td></td><td></td><td></td></tr>
<tr><td></td><td></td><td></td><td></td><td></td></tr>
<tr><td>附件　　张</td><td colspan="2">合计金额</td><td></td><td></td></tr>
</table>

收款凭证

借方科目：　　　　　　　　　年　月　日　　　　　　　　收字第　号

<table>
<tr><td rowspan="2">摘　要</td><td colspan="2">贷方科目</td><td rowspan="2">金　额</td><td rowspan="2">记账</td></tr>
<tr><td>总账科目</td><td>明细科目</td></tr>
<tr><td></td><td></td><td></td><td></td><td></td></tr>
<tr><td></td><td></td><td></td><td></td><td></td></tr>
<tr><td>附件　　张</td><td colspan="2">合计金额</td><td></td><td></td></tr>
</table>

收款凭证

借方科目：　　　　　　　　　年　月　日　　　　　　　　收字第　号

<table>
<tr><td rowspan="2">摘　要</td><td colspan="2">贷方科目</td><td rowspan="2">金　额</td><td rowspan="2">记账</td></tr>
<tr><td>总账科目</td><td>明细科目</td></tr>
<tr><td></td><td></td><td></td><td></td><td></td></tr>
<tr><td></td><td></td><td></td><td></td><td></td></tr>
<tr><td>附件　　张</td><td colspan="2">合计金额</td><td></td><td></td></tr>
</table>

收款凭证

借方科目：　　　　　　　　年　月　日　　　　　　　　收字第　号

<table>
<tr><td rowspan="2">摘　要</td><td colspan="2">贷方科目</td><td rowspan="2">金　额</td><td rowspan="2">记账</td></tr>
<tr><td>总账科目</td><td>明细科目</td></tr>
<tr><td></td><td></td><td></td><td></td><td></td></tr>
<tr><td></td><td></td><td></td><td></td><td></td></tr>
<tr><td>附件　　　张</td><td colspan="2">合计金额</td><td></td><td></td></tr>
</table>

收款凭证

借方科目：　　　　　　　　年　月　日　　　　　　　　收字第　号

<table>
<tr><td rowspan="2">摘　要</td><td colspan="2">贷方科目</td><td rowspan="2">金　额</td><td rowspan="2">记账</td></tr>
<tr><td>总账科目</td><td>明细科目</td></tr>
<tr><td></td><td></td><td></td><td></td><td></td></tr>
<tr><td></td><td></td><td></td><td></td><td></td></tr>
<tr><td>附件　　　张</td><td colspan="2">合计金额</td><td></td><td></td></tr>
</table>

付款凭证

贷方科目：　　　　　　　　年　月　日　　　　　　　　付字第　号

<table>
<tr><td rowspan="2">摘　要</td><td colspan="2">借方科目</td><td rowspan="2">金　额</td><td rowspan="2">记账</td></tr>
<tr><td>总账科目</td><td>明细科目</td></tr>
<tr><td></td><td></td><td></td><td></td><td></td></tr>
<tr><td></td><td></td><td></td><td></td><td></td></tr>
<tr><td>附件　　　张</td><td colspan="2">合计金额</td><td></td><td></td></tr>
</table>

付款凭证

贷方科目：　　　　　　　　年　月　日　　　　　　　　付字第　号

摘　要	借方科目		金　额	记账
	总账科目	明细科目		
附件　　张	合计金额			

付款凭证

贷方科目：　　　　　　　　年　月　日　　　　　　　　付字第　号

摘　要	借方科目		金　额	记账
	总账科目	明细科目		
附件　　张	合计金额			

付款凭证

贷方科目：　　　　　　　　年　月　日　　　　　　　　付字第　号

摘　要	借方科目		金　额	记账
	总账科目	明细科目		
附件　　张	合计金额			

付款凭证

贷方科目： 年 月 日 付字第 号

<table>
<tr><td rowspan="2">摘 要</td><td colspan="2">借方科目</td><td rowspan="2">金 额</td><td rowspan="2">记账</td></tr>
<tr><td>总账科目</td><td>明细科目</td></tr>
<tr><td></td><td></td><td></td><td></td><td></td></tr>
<tr><td></td><td></td><td></td><td></td><td></td></tr>
<tr><td>附件 张</td><td colspan="2">合计金额</td><td></td><td></td></tr>
</table>

付款凭证

贷方科目： 年 月 日 付字第 号

<table>
<tr><td rowspan="2">摘 要</td><td colspan="2">借方科目</td><td rowspan="2">金 额</td><td rowspan="2">记账</td></tr>
<tr><td>总账科目</td><td>明细科目</td></tr>
<tr><td></td><td></td><td></td><td></td><td></td></tr>
<tr><td></td><td></td><td></td><td></td><td></td></tr>
<tr><td>附件 张</td><td colspan="2">合计金额</td><td></td><td></td></tr>
</table>

付款凭证

贷方科目： 年 月 日 付字第 号

<table>
<tr><td rowspan="2">摘 要</td><td colspan="2">借方科目</td><td rowspan="2">金 额</td><td rowspan="2">记账</td></tr>
<tr><td>总账科目</td><td>明细科目</td></tr>
<tr><td></td><td></td><td></td><td></td><td></td></tr>
<tr><td></td><td></td><td></td><td></td><td></td></tr>
<tr><td>附件 张</td><td colspan="2">合计金额</td><td></td><td></td></tr>
</table>

付款凭证

贷方科目：　　　　　　　　　　年　月　日　　　　　　　　　　付字第　号

摘　要	借方科目		金　额	记账
	总账科目	明细科目		
附件　　张	合计金额			

现金日记账

第　　页

年		凭　证		摘　要	对方科目	收入	付出	余额
月	日	种类	号数					

银行存款日记账

第　　页

年		凭　证		摘　要	对方科目	结算凭证		收入	付出	结存
月	日	种类	号数			种类	号数			

练习二

一、目的：练习总账和明细账的平行登记。

二、资料：

1. 胜利工厂200×年4月30日“库存商品”和“应付账款”总账和明细账的余额如下：

总 账	明细账	数量	单价	金额（元）
库存商品	A商品	80吨	100	8 000
	B商品	200件	10	2 000
应付账款	甲工厂			7 000
	乙工厂			8 000

2. 该工厂5月份发生下列经济业务（暂不考虑增值税）：

（1）2日从甲工厂购入A商品50吨，每吨100元；购入B商品700件，每件10元。商品已验收入库，款项未付。

（2）5日从乙工厂购入A商品70吨，每吨100元，商品已验收入库，款项未付。

（3）10日用银行存款偿付甲工厂货款13 500元，偿付乙工厂货款6 500元。

（4）12日结转已销售A商品的实际成本14 000元，B商品的实际成本8 000元。

三、要求：

1. 开设库存商品和应付账款的总账账户和明细账户，并登记其期初余额。

2. 根据资料2编制专用记账凭证（用分录代替）。

3. 根据会计凭证，逐笔登记库存商品和应付账款的总分类账户和明细分类账户（其他账户省略），并分别结出各账户的本期发生额和期末余额（办理月结）。

4. 根据各明细账户的资料，编制库存商品和应付账款明细账户试算表，并与其相应的总分类账户相核对。

______________总分类账

年		凭证字号	摘 要	借方	贷方	借或贷	余额
月	日						

______________总分类账

年		凭证字号	摘 要	借方	贷方	借或贷	余额
月	日						

______________明细分类账

会计科目：

年		凭证字号	摘 要	借方	贷方	借或贷	余额
月	日						

________________明细分类账

会计科目：

年		凭证字号	摘　要	借方	贷方	借或贷	余额
月	日						

________________明细分类账

明细科目：　　　　　　　　　　　　　　　　　　　　计量单位：

年		凭证字号	摘　要	收入			发出			结存		
月	日			数量	单价	金额	数量	单价	金额	数量	单价	金额

________________明细分类账

明细科目：　　　　　　　　　　　　　　　　　　　　计量单位：

年		凭证字号	摘　要	收入			发出			结存		
月	日			数量	单价	金额	数量	单价	金额	数量	单价	金额

应付账款明细账户试算表

明细账户	期初余额		本期发生额		期末余额	
	借	贷	借	贷	借	贷
合计						

库存商品明细账户试算表

明细账户	期初余额		本期发生额		期末余额	
	借	贷	借	贷	借	贷
合计						

练习三

一、目的：练习错账更正方法

二、资料：

1.10月6日用银行存款购入车床一台价值23 000元，记账凭证没有填错，在固定资产总分类账户上登记如下：

固定资产 总分类账

年		凭证种类	摘要	借方	贷方	借或贷	余额
月	日						
10	1		月初余额			借	15 000
	6	银付字2号	购入车床	32 000		借	47 000

2.10月12日以银行存款支付广告费12 700元，原编银付字第3号凭证如下（用会计分录代替），并据以登记入账。问如何更正？

借：营业费用　　17 200

　　贷：银行存款　　17 200

营业费用	
17 200	

银行存款	
	17 200

3.10 月 15 日用现金 510 元购买厂部办公用品一批，原编现付字第 2 号凭证如下（用会计分录代替），并据以登记入账。问如何更正？

借：管理费用　　150

　　贷：现金　　150

现　金	
	150

管理费用	
150	

4.10 月 30 日生产车间计提固定资产折旧 7 650 元，原编转字第 15 号凭证如下（用会计分录代替），并据以登记入账。问如何更正？

借：生产成本　　7 650

　　贷：累计折旧　　7 650

生产成本	
7 650	

累计折旧	
	7 650

5.10 月 30 日预提银行借款利息 23 500 元，原编转字第 13 号凭证如下（用会计分录代替），并据以登记入账。问如何更正？

借：财务费用　　32 500

　　贷：待摊费用　　32 500

财务费用	
32 500	

待摊费用	
	32 500

三、要求：采用适当的方法更正上列错账（注明采用的更正方法、编制更正错账的会计分录、注明更正凭证的摘要，并据以登记入账）。

六、案例题

某律师事务所由张三和李四共同合伙创建，最近发生了下列经济业务，并由会计进行了相应的账务处理：

1.6月10日，张三由事务所的出纳处支取现金500元，给自己的孩子购买玩具用，会计将这500元记为事务所的办公费支出，其理由是张三是事务所的合伙人，事务所的钱也有张三的一部分。

2.6月20日，预付下季度报刊费，会计将其作为6月份的管理费用处理。

3.6月30日，事务所购买了一台电脑，价值13 000元，会计将其一次性全部计入当月费用。

要求：根据上述资料，分析判断以上会计处理是否正确，如有错误，指出违反了哪项会计假设和会计原则。

第三部分　参考答案

二、单项选择题

1.B　2.C　3.A　4.B　5.C　6.A　7.D　8.A
9.C　10.B

三、多项选择题

1.ABC　2.ABC　3.ABCD　4.BCD　5.BCD
6.ABC　7.ACD　8.ABC　9.ABD　10.ABD

四、判断题

1.√　2.×　3.√　4.×　5.×　6.√　7.√　8.×
9.√　10.×

五、实务题

练习一

1. 登记现金和银行存款日记账期初余额。

2. 根据该厂7月份发生的经济业务编制记账凭证。

（1）

收款凭证

借方科目：银行存款　　200×年7月2日　　银收字第1号

摘　要	贷方科目		金　额	记账
	总账科目	明细科目		
接受投资	实收资本	甲公司	20 000	
附件　　张	合计金额		20 000	

（2）

付款凭证

贷方科目：银行存款　　200×年7月2日　　银付字第1号

摘　要	借方科目		金　额	记账
	总账科目	明细科目		
购甲材料	材料采购	甲材料	15 000	
	应交税费	应交增值税（进）	2 550	
附件　　张	合计金额		17 550	

（3）

付款凭证

贷方科目：银行存款　　　　200×年7月2日　　　　银付字第2号

摘要	借方科目		金额	记账
	总账科目	明细科目		
归还银行借款	短期借款	×银行	6 000	
附件　　张	合计金额		6 000	

（4）

收款凭证

借方科目：银行存款　　　　200×年7月2日　　　　银收字第2号

摘要	贷方科目		金额	记账
	总账科目	明细科目		
收到A工厂欠款	应收账款	A工厂	5 600	
附件　　张	合计金额		5 600	

（5）

付款凭证

贷方科目：银行存款　　　　200×年7月2日　　　　银付字第3号

摘　要	借方科目		金　额	记账
	总账科目	明细科目		
归还上月购货款	应付账款	红星公司	8 500	
附件　　　张	合计金额		8 500	

（6）

付款凭证

贷方科目：银行存款　　　　200×年7月2日　　　　银付字第4号

摘　要	借方科目		金　额	记账
	总账科目	明细科目		
提现金	现金		2 000	
附件　　　张	合计金额		2 000	

（7）

付款凭证

贷方科目：现金　　　　200×年7月2日　　　　现付字第1号

摘　要	借方科目		金　额	记账
	总账科目	明细科目		
购买厂部办公用品	管理费用	办公费	500	
附件　　张	合计金额		500	

（8）

付款凭证

贷方科目：现金　　　　200×年7月2日　　　　现付字第2号

摘　要	借方科目		金　额	记账
	总账科目	明细科目		
预支差旅费	其他应收款	李军	1 000	
附件　　张	合计金额		1 000	

（9）

付款凭证

贷方科目：银行存款　　　　200×年7月2日　　　　银付字第5号

摘　要	借方科目		金　额	记账
	总账科目	明细科目		
上交所得税	应交税费	应交所得税	560	
附件　　张	合计金额		560	

（10）

收款凭证

借方科目：银行存款　　　　200×年7月2日　　　　银收字第3号

摘　要	贷方科目		金　额	记账
	总账科目	明细科目		
向银行借款	短期借款	×银行	25 000	
附件　　张	合计金额		25 000	

（11）

收款凭证

借方科目：现金　　　　200×年7月4日　　　　现收字第1号

摘要	贷方科目		金额	记账
	总账科目	明细科目		
报销差旅费收回现金	其他应收款	李军	200	
附件　　张	合计金额		200	

（12）

收款凭证

借方科目：银行存款　　　　200×年7月4日　　　　银收字第4号

摘要	贷方科目		金额	记账
	总账科目	明细科目		
销售商品	主营业务收入	Ⅰ号产品	30 000	
	应交税费	应交增值税（销项）	5 100	
附件　　张	合计金额		35 100	

现金日记账

第　　页

200×年		凭证		摘要	对方科目	收入	付出	余额
月	日	种类	号数					
7	1			月初余额				450
	2	银付	4	提现金	银行存款	2 000		
	2	现付	1	购办公用品			500	
	2	现付	2	预支差旅费	其他应收款		1 000	
	4	现收		收回现金	其他应收款	200		1 150

银行存款日记账

第　　页

年		凭证		摘要	对方科目	结算凭证	收入	付出	结存
月	日	种类	号数						
7	1			月初余额		（略）			25 000
	2	银收	1	接受投资	实收资本		20 000		
	2	银付	1	购甲材料	材料采购 应交税费			17 550	
	2	银付	2	还银行借款	短期借款			6 000	
	2	银收	2	收到欠款	应收账款		5 600		
	2	银付	3	归还购货款	应付账款			8 500	
	2	银付	4	提现金	现金			2 000	
	2	银付	5	上交所得税	应交税费			560	76 090
	2	银收	3	向银行借款	短期借款		25 000		
	4	银收	4	销售商品	主营业务收入 应交税费		35 100		

练习二

1. 开设库存商品和应付账款总账账户和明细账户，并登记其月初余额。

2. 根据资料 2 编制会计分录如下：

(1) 借：库存商品——A 商品　5 000
　　　　　　　——B 商品　7 000
　　贷：应付账款——甲工厂　12 000

(2) 借：库存商品——A 商品　7 000
　　贷：应付账款——乙工厂　7 000

(3) 借：应付账款——甲工厂　13 500
　　　　　　　——乙工厂　6 500
　　贷：银行存款　20 000

(4) 借：主营业务成本　22 000
　　贷：库存商品——A 商品　14 000
　　　　　　　——B 商品　8 000

应付账款 总分类账

200×年		凭证字号	摘 要	借方	贷方	借或贷	余额
月	日						
5	1		月初余额			贷	15 000
	2	（略）	购入商品		12 000	贷	27 000
	5		购入商品		7 000	贷	34 000
	10		偿还购货款	20 000		贷	14 000
	31		本月发生额和余额	20 000	19 000		14 000

应付账款　明细分类账

会计科目：甲工厂

200×年		凭证字号	摘　要	借方	贷方	借或贷	余额
月	日						
5	1	（略）	月初余额			贷	7 000
	2		购入商品		12 000	贷	19 000
	10		偿还货款	13 500		贷	5 500
	31		本月发生额和余额	13 500	12 000	贷	5 500

应付账款　明细分类账

会计科目：乙工厂

200×年		凭证字号	摘　要	借方	贷方	借或贷	余额
月	日						
5	1	（略）	月初余额			贷	8 000
	5		购入商品		7 000	贷	15 000
	10		偿还货款	6 500		贷	8 500
	31		本月发生额和余额	6 500	7 000	贷	8 500

库存商品　总分类账

200×年		凭证字号	摘　要	借方	贷方	借或贷	余额
月	日						
5	1	（略）	月初余额			借	10 000
	2		购入商品	12 000		借	22 000
	5		购入商品	7 000		借	29 000
	12		结转销售成本		22 000	借	7 000
	31		本月发生额和余额	19 000	22 000	借	7 000

库存商品 明细分类账

明细科目：A 商品　　　　计量单位：吨

年		凭证字号	摘要	收入			发出			结存		
月	日			数量	单价	金额	数量	单价	金额	数量	单价	金额
5	1	（略）	月初余额							80	100	8 000
	2		购入商品	50	100	5 000				130	100	13 000
	5		购入商品	70	100	7 000				200	100	20 000
	12		结转销售成本				140	100	14 000	60	100	6 000
	31		本月发生额和余额	120	100	12 000	140	100	14 000	60	100	6 000

库存商品 明细分类账

明细科目：B 商品　　　　计量单位：件

年		凭证字号	摘要	收入			发出			结存		
月	日			数量	单价	金额	数量	单价	金额	数量	单价	金额
5	1	（略）	月初余额							200	10	2 000
	2		购入商品	700	10	7 000				900	10	9 000
	12		结转销售成本				800	10	8 000	100	10	1 000
	31		本月发生额和余额	700	10	7 000	800	10	8 000	100	10	1 000

应付账款明细账户试算表

200×年 5 月

明细账户	期初余额		本期发生额		期末余额	
	借	贷	借	贷	借	贷
甲工厂		7 000	13 500	12 000		5 500
乙工厂		8 000	6 500	7 000		8 500
合计		15 000	20 000	19 000		14 000

库存商品明细账户试算表

200×年5月

明细账户	期初余额		本期发生额		期末余额	
	借	贷	借	贷	借	贷
A商品	8 000		12 000	14 000	6 000	
B商品	2 000		7 000	8 000	1 000	
合计	10 000		19 000	22 000	7 000	

练习三

1．

固定资产　总分类账

年		凭证种类	摘　要	借方	贷方	借或贷	余额
月	日						
10	1		月初余额			借	15 000
	6	银付字2号	购入车床	23 000 ~~32 000~~		借	38 000

2．（1）采用红字更正法的第二种情况予以更正。

（2）更正方法为：用红字编制一张与原错误凭证应借应贷科目一样的凭证（分录如下），金额为多记金额4 500元，在摘要栏注明“冲销10月12日银付字3号凭证多记金额”，并用红字据以登记入账。

借：销售费用　　4 500

　　贷：银行存款　　4 500

销售费用

17 200	
4 500	

银行存款

	17 200
	4 500

3．（1）采用补充登记法予以更正。

（2）更正方法为：用蓝字编制一张与原错误凭证应借应贷科目一样的凭证（分录如下），金额为少记金额360元，在摘要栏注明“补充10月15日现付字2

号凭证少记金额”，并用蓝字据以登记入账。

借：管理费用 360

　　贷：现金 360

现金（借）	现金（贷）
	150
	360

管理费用（借）	管理费用（贷）
150	
360	

4.（1）采用红字更正法的第一种情况予以更正。

（2）更正方法为：

第一，用红字编一张与原错误凭证内容完全一样的凭证（分录如下），在摘要栏注明“冲销10月30日转字15号凭证错误”，并用红字据以登记入账。

借：生产成本 [7 650]

　　贷：累计折旧 [7 650]

第二，用蓝字编制一张正确的凭证（分录如下），在摘要栏注明“更正10月30日转字15号凭证错误”，并用蓝字据以登记入账。

借：制造费用 7 650

　　贷：累计折旧 7 650

生产成本（借）	生产成本（贷）
7 650	
[7 650]	

累计折旧（借）	累计折旧（贷）
	7 650
	[7 650]
	7 650

制造费用（借）	制造费用（贷）
7 650	

5.（1）采用红字更正法的第一种情况予以更正。

（2）更正方法为：

第一，用红字编一张与原错误凭证内容完全一样的凭证（分录如下），在摘要栏注明“冲销10月30日转字13号凭证错误”，并用红字据以登记入账。

借：财务费用 [32 500]

　　贷：待摊费用 [32 500]

第二，用蓝字编制一张正确的凭证（分录如下），在摘要栏注明“更正10月30日转字13号凭证错误”，并用蓝字据以登记入账。

借：财务费用　　23 500

　　贷：预提费用　　23 500

财务费用	
32 500	
32 500	
23 500	

待摊费用	
	32 500
	32 500

预提费用	
	23 500

六、案例题

1. 不正确。张三由事务所支取现金给自己的孩子购买玩具用，不属于事务所的业务，不能作为事务所的办公费用。违反了会计主体假设。

2. 不正确。预付下季度报刊费，应由下季度分摊，不能记入 6 月份费用。不符合权责发生制原则。

3. 不正确。购买电脑应作为资本性支出，不能记入当期费用。违反了划分收益性支出和资本性支出的原则。

第七章

财产清查

第一部分　实训指导

一、本章主要内容

- 财产清查分类
  - 按清查对象和范围
    - 全面清查
    - 局面清查
  - 按清查时间
    - 定期清查
    - 不定期清查

- 财产盘存制度
  - 实地盘存制
  - 永续盘存制

- 财产清查方法
  - 实物清查
  - 现金清查
  - 银行存款清查
  - 往来款项清查

二、本章重点、难点

财产清查也称为财产盘点，是通过对企业实际拥有的各项货币资金、实物资产以及债权、债务的实地盘点或核对，确定实存数，查明账存数与实存数是否相符的一种专门方法。

财产清查按清查的对象和范围分为全面清查和局部清查。全面清查就是对单位所有的财产进行全面、彻底的清查、盘点和核对。这种清查内容多、范围广、清查彻底，需要投入较多的人力，花费的时间长。局部清查就是根据管理的需要或有关规定，对部分财产进行的清查。局部清查范围小、内容少、涉及的人也少，但专业性较强。

财产清查按清查时间分为定期清查和不定期清查。定期清查就是按照预先计划安排的时间对财产、物资所进行的清查。不定期清查就是事前不规定清查的固定日期而根据实际需要临时进行的清查。

财产物资的盘存制度，有“实地盘存制”和“永续盘存制”两种不同的方法。

实地盘存制也称以存计耗制或以存计销制，是在期末通过实物盘点，来确定库存存货的数量，并据以计算本期发出成本和期末存货成本的一种方法。实地盘存制的计算公式：

期末库存存货成本 = 期末库存数量（实地盘存数）× 存货单位成本

本期发出存货成本 = 期初库存存货成本 + 本期收入（或购进）存货金额 − 期末库存存货成本

永续盘存制亦称账面盘存制，它是根据账簿记录，计算期末存货账面结存数量和金额的方法。永续盘存制的计算公式：

期末存货成本 = 期初库存存货成本 + 本期收入（或购进）金额 − 本期发出存货成本

不同品种的实物，采用的清查方法也不同，一般有实地盘点和技术推算盘点两种。对各项实物的盘点结果，应逐一如实地登记在“盘存单”上，并由参加盘点的人员和实物保管人员共同签章生效。盘点完毕，将“盘存单”中所记录的实存数额与账面结存余额核对，发现某些实物账实不符时，填制“实存账存对比表”，确定实物盘盈或盘亏的数额。

现金的清查，是通过实地盘点的方法，现金盘点后，应根据盘点的结果及时与现金日记账核对，并填制“现金盘点报告表”。

银行存款的清查，是将本单位的银行存款日记账与开户银行转来的对账单逐笔进行核对。未达账项是指由于企业与银行取得凭证的时间不同，导致记账时间不一致，而发生的一方已取得结算凭证且已登记入账，而另一方未取得结算凭证尚未入账的款项。未达账项有以下四种：（1）单位已收款入账，但银行尚未收款入账。（2）单位已付款入账，但银行尚未付款入账。（3）银行已收款入账，但单位尚未收款入账。（4）银行已付款入账，但单位尚未付款入账。对“未达账项”应于查明后编制“银行存款余额调节表”。其调节公式为：

银行对账单余额 + 单位已收银行未收款项 − 单位已付银行未付款项

=银行存款日记账余额+银行已收单位未收款项－银行已付单位未付款项

各种往来款项的清查，也可采用同对方单位核对账目的方法进行。按户编制对账单，送交对方单位进行核对最后应将清查结果登记在“往来款项清查结果报告表”上。

财产清查结果的账务处理分两步进行：在审批前，根据有关“实存账存对比表”等原始凭证中列明的财产盘盈、盘亏和毁损的数字，编制记账凭证，据以登记账簿，记入有关的财产物资账户和“待处理财产损溢”账户，以使各项财产的账存数与实存数保持一致。报经领导批准后，根据批复的差异处理意见进行账务处理，反映最终的处理结果。

当发现盘盈时，应根据“实存账存对比表”，对于盘盈的现金、存货等流动资产按其价值借记“现金”、“原材料”、“库存商品”账户，同时贷记“待处理财产损溢——待处理流动资产损溢”账户；对于盘盈的固定资产按重置完全价值减去按该项资产的新旧程度估计的价值损耗后的余额借记“固定资产”账户，贷记“待处理财产损溢——待处理固定资产损溢”账户。报经批准处理后，现金溢余，属于应支付给有关人员或单位的，转作其他应付款；属于无法查明原因的现金溢余，经批准后，转作营业外收入；盘盈的存货，冲减管理费用；固定资产的溢余额转入“营业外收入”账户。

在财产清查中，发现有待查明原因的现金盘亏，在报经批准之前，应按实际短缺的金额，借记“待处理财产损溢——待处理流动资产损溢”科目，贷记“现金”科目。待查明原因后，属于应由责任人赔偿或保险公司赔偿的部分，转入“其他应收款”科目；属于无法查明的其他原因，应根据管理权限，经批准后转入“管理费用”科目。

存货盘亏或毁损的处理，在批准以前应先结转到“待处理财产损溢”科目，借记：“待处理财产损溢——待处理流动资产损溢”科目，贷记：“原材料、库存商品”等科目。批准以后，再根据造成亏损的原因，属于自然损耗产生的定额内合理损耗，经批准可列作管理费用；属于设置、收发差错和管理不善等原因造成的短缺和毁损，将其账面价值减去残料价值、可以收回的保险赔偿和过失人赔偿后的净损失，转作管理费用；属于自然灾害造成的毁损，将其账面价值减去保险赔款和残值后的净损失，计入营业外支出。

当发现固定资产盘亏及毁损时，按账面已提折旧借记“累计折旧”账户，按账面原始价值减去累计折旧的差额借记“待处理财产损溢——待处理固定资产损溢”账户，贷记“固定资产”账户；批准以后，再根据盘亏的各种原因，属于过失人造成的，应由过失人负责赔偿，属于保险责任范围的，应向保险公司索赔，记入“其他应收款”账户；无法查明原因的记入“营业外支出”。

在财产清查中，如果有长期未清的往来款项，应及时处理，由于对方单位撤销或债务人不存在等原因造成确实无法收回的应收款项，经批准应予以核销。核销时，不通过“待处理财产损溢”账户，而按坏账损失核算方法不同进行相应的会计处理，坏账损失的处理有直接核销法和备抵法两种。

对于清查中已经查明的确实无法支付的应付款项，在报经批准后，转作资本公积。

第二部分 实训练习

一、思考题

1. 什么是财产清查？财产清查有何作用？

2. 造成企业账实不符的原因有哪些？

3. 财产清查有哪些种类？

4. 企业在什么情况下，对其财产物资进行全面清查？其清查对象包括哪些内容？

5. 未达账项有哪几种情况？怎样调整？

6. 试述财产物资的两种盘存制度及其各自的优缺点。

7. 试述财产清查结果的处理程序。

二、单项选择题（从每小题的备选答案中选出一个正确答案，并将正确答案的序号填入括号内）

1. 对于大量成堆难以清点的财产物资的清查，一般采用（　　）方法进行清查。

A. 实地盘点　　B. 抽样检验

C. 询证核对　　D. 测量计算法

2. 在记账无误的情况下，银行对账单与银行存款日记账账面余额不一致的原因是（　　）。

A. 暂收和暂付款　　B. 应收账款

C. 应付账款　　D. 未达账项

3. 下列不属于原始凭证的是（　　）。

A. 盘存单　　B. 实存账存对比表

C. 银行存款余额调节表　　D. 库存现金盘点报告表

4.“实存账存对比表”属于（　　）。

A. 自制原始凭证　　B. 外来原始凭证

C. 记账凭证　　D. 汇总记账凭证

5. 现金清查，一般采用（　　）方法进行清查。

A. 实地盘点　　B. 抽样检验

C. 询证核对　　D. 技术推算盘点

6. 实地盘存制与永续盘存制的主要区别是（　　）。

A. 盘点的方法不同　　B. 盘点的目标不同

C. 盘点的工具不同　　D. 盘点结果的处理不同

7. 银行存款清查，一般采用（　　）方法进行清查。

A. 日记账与总分类核对　　B. 日记账与收付款凭证核对

C. 日记账与对账单核对　　D. 总分类账和收付款凭证核对

8.“待处理财产损溢”账户未转销的借方余额表示（　　）。

A. 尚待处理的盘盈数　　B. 尚待处理的盘亏数和毁损数

C. 已处理的盘盈数　　D. 已处理的盘亏数和毁损数

9. 对债权债务的清查应采用的方法是（　　）。

A. 实地盘点　　B. 抽样检验

C. 询证核对　　D. 估计法

三、多项选择题（从每小题的备选答案中选出至少两个正确答案，并将正确答案的序号填入括号内）

1.“待处理财产损溢”账户的贷方记录（　　）。

A. 发生的财产盘盈数　　B. 发生的财产盘亏数

C. 批准转出的财产盘盈数　　D. 批准转出的财产盘亏数

E. 结转的坏账损失

2. 财产物资的盘存制度有（　　）。

A. 永续盘存制　　B. 权责发生制

C. 收付实现制　　D. 实地盘点制

E. 报账制

3. 对于无法收回的应收账款，可能记入的账户是（　　）。

A. 制造费用　　B. 管理费用

C. 营业外支出　　D. 坏账准备

E. 销售费用

4. 下列属于原始凭证的是（　　　）。

A. 发票　　B. 盘存单

C. 实存账存对比表　　D. 库存现金盘点报告表

E. 银行存款余额调节表

5. 下列财产的清查一般采用实地盘点法（　　　）。

A. 现金　　B. 各项实物资产

C. 银行存款　　D. 应收款项

E. 应付账款

6. 财产清查按照清查的时间可分为（　　　）。

A. 全面清查　　B. 局部清查

C. 定期清查　　D. 不定期清查

E. 内部清查

7. 财产清查按照清查的范围可分为（　　　）。

A. 全面清查　　B. 局部清查

C. 定期清查　　D. 不定期清查

E. 内部清查

8. 企业与银行之间的未达账项包括（　　　）。

A. 企业已收银行未收款项　　B. 企业已付银行未付款项

C. 银行已收企业未收款项　　D. 银行已付企业未付款项

9. 局部清查一般在以下（　　　）情况下进行。

A. 债权债务的核对　　B. 月末银行存款的核对

C. 月末现金的核对

D. 贵重的财产物资，每月清查盘点一次

10. 关于永续盘存制，下列（　　　）是正确的。

A. 便于加强会计监督　　B. 工作简单，工作量小

C. 可随时结出账面结存数　　D. 可能发生账实不符的情况

四、判断题（正确的在括号内打√，错误的在括号内打×）

1. 未达账项只存在于企业与银行之间。（　　）

2. 现金长款应记入“待处理财产损溢”账户。（　　）

3. 财产盘盈盘亏后，不管是否查明原因和报经批准处理，都应马上编制分录调账，使账实相符。（　　）

4. 对于无法收回的应收款，应先记入“待处理财产损溢”账户，批准后转

入有关账户。 ( )

5. 如果企业和银行双方记账均无错误，企业银行存款日记账余额和银行定期送来的对账单余额应相等。 ( )

6. 定期清查的对象和范围，既可以是全部清查，也可以是局部清查。 ( )

7. “库存现金盘点报告表”具有“盘存单”和“实存账存对比表”的双重作用。 ( )

8. 对于资产的盘亏和各种损失，要认真分析，查明其性质和产生的原因；而对于盘盈的资产则不必。 ( )

9. 不定期清查的对象和范围，只能是全部清查，不能是局部清查。 ( )

10. 只要账实不符，一定是工作上出了差错。 ( )

五、实务题

练习一

一、目的：练习银行存款对账方法。

二、资料：某企业7月31日的银行存款日记账账面余额为691 600元，银行对账单上企业存款余额为681 600元，经逐笔核对，发现有以下未达账项：

1. 7月26日企业开出转账支票3 000元，持票人尚未到银行办理转账，银行尚未登账。

2. 7月28日企业委托银行代收款项4 000元，银行已收款入账，但企业未接到银行的收款通知，因而未登记账。

3. 7月29日，购货单位签发的转账支票15 000元，企业已登账，银行尚未登记入账。

4. 7月30日，银行代企业支付水电费2 000元，企业尚未接到银行的付款通知，故未登记入账。

三、要求：根据以上有关内容，编制“银行存款余额调节表”，并分析调节后是否需要编制有关会计分录。

练习二

一、目的：练习银行存款余额调节表的编制。

二、资料：华光公司8月31日银行存款日记账余额是37 685元，银行送来的对账单余额为47 570元。经逐笔核对，发现两者有下列不符之处：

1．8月27日，收到东临公司一笔销货款32 000元，公司银行存款日记账上误记为23 000元。

2．8月30日，本公司开出转账支票一张向方圆公司购买文具用品，价值1 045元，方圆公司尚未去银行办理转账手续。

3．8月30日，本公司委托银行代收一笔货款7 800元，款项银行已收妥入账，公司尚未收到通知入账。

4．8月30日，收到申花公司交来的转账支票4 700元，本公司已送交银行办理，并已入账，但银行尚未入账。

5．8月31日，银行扣收手续费12元，公司尚未入账。

6．8月31日，银行代付公用事业费3 456元，公司尚未收到通知入账。

7．8月31日，本月银行存款利息208元，公司尚未收到通知入账。

三、要求：

1．根据上述资料，编制银行存款余额调节表。

2．编制必要的会计分录。

练习三

一、目的：练习财产清查结果的会计处理。

二、资料：某工厂年终进行财产清查，在清查中发现下列事项（不考虑增值税）：

1．盘亏水泵一部，原价5 800元，账面已提折旧2 800元。

2．发现账外机器一台，估计重置价20 000元，现值6 000元。

3．甲材料账面余额650千克，单价20元/千克，价值13 000元。盘点实际存量为550千克，经查明其中60千克为定额损耗，40千克为日常收发计量差错。

4．乙材料账面余额160千克，单价10元/千克，价值1 600元，盘点实际存量为155千克，缺少数为保管人员失职造成的散失。

5．检查其他应收款账目，有某运输公司欠款250元，属于委托该公司运输材料，由于装卸工疏忽而造成的损失。已确定由该公司赔偿，但该运输公司已撤销，无法收回。

上列各项盘盈、盘亏和损失，经查原因属实，报请领导审核批准，作如下处理：

1．盘亏水泵系因自然灾害遭至毁损，作非常损失处理。

2．账外机器尚可使用，交车间投入生产，作增加营业外收入处理。

3. 材料定额内损耗及材料收发计量错误，均列入管理费用处理。

4. 保管人员失职造成材料短缺损失，责成过失人赔偿。

5. 无法收回的应收款项，作坏账损失处理。

三、要求：

1. 将上列清查结果，编制审批前的会计分录；

2. 根据报请批准处理的结果，编制会计分录。

练习四

一、目的：练习财产清查的会计处理（不考虑增值税）。

二、资料：万象公司200×年12月底对其财产进行全面清查，结果如下：

1. 库存现金盘点短缺50元，责成出纳员赔偿

2. 银行存款在消除了未达账项的影响后，尚有下列问题：

(1) 12月4日为支付材料款而签发兑现的支票，银行对账单列示金额39 700元，公司会计员记账时误记为37 900元。

(2) 公司漏记一笔委托银行代收的劳务费收入1 000元，该款项银行于12月20日收讫，且公司已接到银行通知。

3. 经查询证明，有一笔应付账款500元，已确实无法支付。

4. 甲材料盘点溢余500千克，每千克3元，经查明，此溢余系计量仪器不准确所致。

5. 乙材料盘点短缺40千克，每千克130元，经查明，此短缺系定额内损耗。

6. 盘盈A设备一台，预计其重置价为10 000元，估计有8成新，作为营业外收入处理。

7. 账列B机器出现盘亏，账面原价40 000元，已提折旧16 000元，作为营业外支出处理。

三、要求：根据上述资料，做财产清查以及批准转销的会计处理。

练习五

目的：练习全面清查的会计处理（不考虑增值税）。

(一) 1. 某厂200×年9月30日银行结算户存款余额是32 540元，银行对账单上的余额是36 020元，经逐笔核对后，查明有几下几笔未达账项：

A. 企业于月末存入从其他单位收到的转账支票1 920元，银行尚未入账；

B. 企业于月末开出的转账支票440元，持票人尚未向银行办理转账，银行

尚未入账；

C. 企业已委托银行代收外埠销货款 5 200 元，银行已收到入账，但企业尚未收到银行收款通知，没有入账；

D. 银行代付电话费 240 元，但企业尚未收到银行付款通知，没有入账。

2. 要求：根据上述资料编制“银行存款余额调节表”。

（二）1. 某企业某月发生下列经济业务：

A. 盘盈新机器一台，重置价值 6 000 元。

B. 盘盈旧汽车一辆，重置价值 120 000 元，估计折旧 35 000 元。

C. 盘亏原材料一批，价值 3 200 元。

D. 盘亏旧机器二台，原值 8 300 元，已提折旧 4 000 元。

E. 盘盈材料一批，价值 1 500 元。

F. 上月盘亏机器一台，价值 6 000 元，现批准转为营业外支出。

2. 要求：根据上述经济业务编制会计分录。

六、案例题

案例一

某企业出纳王青收到 B 企业签发的转账支票一张 3 050 元后，同时签发了一张金额为 3 050 元的现金支票，然后一并到银行办理银行存款进账业务和提出现金的业务。请问：

1. 出纳员的这种做法是否属于正常的经济业务范畴？为什么？
2. 对这两笔经济业务如何进行账务处理？
3. 你作为一名审计人员，对这笔经济业务应如何查处？

案例二

某企业副经理林新，将企业正在使用的一台设备借给其朋友使用，未办理任何手续。清查人员在年底盘点时发现盘亏了一台设备，原值为 5 000 元，已提折旧 2 000 元，价值为 3 000 元。经查，属林新所为。于是，派人向借方追索。但借方声称，该设备已被人偷走。当问及王副经理对此处理意见时，林新建议按正常报废处理。请问：

1. 盘亏的设备按正常报废处理是否符合会计制度要求？
2. 企业应怎样正确处理盘亏的固定资产？

第三部分 参考答案

二、单项选择题

1.D 2.D 3.C 4.A 5.A 6.A 7.C 8.B 9.C

三、多项选择题

1.AD 2.AD 3.BD 4.ABCD 5.AB
6.CD 7.AB 8.ABCD 9.ABCD 10.ACD

四、判断题

1.× 2.√ 3.√ 4.× 5.× 6.√ 7.√ 8.×
9.× 10.×

五、实务题

练习一

1. 编制银行存款余额调节表

银行存款余额调节表

单位：元

项 目	金额	项 目	金额
企业银行存款日记账余额	691 600	银行对账单余额	681 600
加：银行已收，企业未收 减：银行已付，企业未付	4 000 2 000	加：企业已收，银行未收 减：企业已付，银行未付	15 000 3 000
调节后的存款余额	693 600	调节后的存款余额	693 600

调节后不用编制有关会计分录，因为是未达账项造成不符。

练习二

1. 编制银行存款余额调节表

银行存款余额调节表

单位：元

项　目	金额	项　目	金额
企业银行存款日记账余额	37 685	银行对账单余额	47 570
加：银行已收，企业未收 减：银行已付，企业未付	7 800 + 208 + 9 000 = 17 008 12 + 3 456 = 3 468	加：企业已收，银行未收 减：企业已付，银行未付	4 700 1 045
调节后的存款余额	51 225	调节后的存款余额	51 225

2. 更正错账，编制会计分录

借：银行存款　　9 000
　　贷：应收账款　　9 000

练习三

1. 编制审批前会计分录

（1）借：累计折旧　　2 800
　　　　待处理财产损溢——待处理固定资产损溢　　3 000
　　　　贷：固定资产　　5 800

（2）借：固定资产　　6 000
　　　　贷：待处理财产损溢——待处理固定资产损溢　　6 000

（3）借：待处理财产损溢——待处理流动资产损溢　　2 000
　　　　贷：原材料——甲材料　　2 000

（4）借：待处理财产损溢——待处理流动资产损溢　　50
　　　　贷：原材料——乙材料　　50

2. 编制审批后会计分录

（1）借：营业外支出　　3 000
　　　　贷：待处理财产损溢——待处理固定资产损溢　　3 000

（2）借：待处理财产损溢——待处理流动资产损溢　　6 000
　　　　贷：营业外收入　　6 000

（3）借：管理费用　　2 000

贷：待处理财产损溢——待处理流动资产损溢　　2 000

（4）借：其他应收款　　50

贷：待处理财产损溢——待处理流动资产损溢　　50

（5）借：管理费用　　250

贷：其他应收款　　250

练习四

（1）借：待处理财产损溢——待处理流动资产损溢　　50

贷：现金　　50

借：其他应收款　　50

贷：待处理财产损溢——待处理流动资产损溢　　50

（2）借：原材料　　1 800

贷：银行存款　　1 800

借：银行存款　　1 000

贷：其他业务收入　　1 000

（3）借：应付账款　　500

贷：资本公积　　500

（4）借：原材料——甲材料　　1 500

贷：待处理财产损溢——待处理流动资产损溢　　1 500

借：待处理财产损溢——待处理流动资产损溢　　1 500

贷：管理费用　　1 500

（5）借：待处理财产损溢——待处理流动资产损溢　　5 200

贷：原材料——乙材料　　5 200

借：管理费用　　5 200

贷：待处理财产损溢——待处理流动资产损溢　　5 200

（6）借：固定资产　　8 000

贷：待处理财产损溢——待处理固定资产损溢　　8 000

借：待处理财产损溢——待处理固定资产损溢　　8 000

贷：营业外收入　　8 000

（7）借：待处理财产损溢——待处理固定资产损溢　　24 000

累计折旧　　16 000

贷：固定资产　　40 000

借：营业外支出　　24 000

贷：待处理财产损溢——待处理固定资产损溢　　24 000

练习五

1. 编制银行存款余额调节表

银行存款余额调节表

单位：元

项　目	金额	项　目	金额
企业银行存款日记账余额	32 540	银行对账单余额	36 020
加：银行已收，企业未收 减：银行已付，企业未付	5 200 240	加：企业已收，银行未收 减：企业已付，银行未付	1 920 440
调节后的存款余额	37 500	调节后的存款余额	37 500

2. 编制会计分录

A. 借：固定资产　　6 000
　　贷：待处理财产损溢——待处理固定资产损溢　　6 000

B. 借：固定资产　　85 000
　　贷：待处理财产损溢——待处理固定资产损溢　　85 000

C. 借：待处理财产损溢——待处理流动资产损溢　　3 200
　　贷：原材料　　3 200

D. 借：待处理财产损溢——待处理固定资产损溢　　4 300
　　累计折旧　　4 000
　　贷：固定资产　　8 300

E. 借：原材料　　1 500
　　贷：待处理财产损溢——待处理流动资产损溢　　1 500

F. 借：营业外支出　　6 000
　　贷：待处理财产损溢——待处理固定资产损溢　　6 000

六、案例题

案例一

1. 出纳员的这种做法一般情况下属于异常的经济业务。
2. 其可能导致的后果是，出纳员可能利用银行存款同时一增一减两笔相同金额的业务，使银行存款余额没有变化，其与银行对账单余额相符，不易看出漏洞，从而贪污公款。

3. 审计人员应将银行存款明细账上的收支业务逐笔与银行对账单核对，若发现银行对账单上有金额相同且时间间隔不长的一收一付两笔业务而银行日记账上没有记录，要特别注意，必要时，要到银行调查该笔业务的具体内容，从而查明出纳人员有无贪污公款行为。

案例二

1. 对盘亏固定资产的处理是错误的，不符合会计制度要求。

2. 清查人员应向当事人索赔 3 000 元。如果当事人不能按期偿还时，林新应当承担赔偿责任，赔偿 3 000 元。

第八章

会计报表

第一部分 实训指导

一、本章主要内容

- 会计报表
  - 资产负债
    - 结构
      - 表首
      - 正表
        - 报告式
        - 账户式
    - 内容
    - 编制方法
  - 利润表
    - 主表
      - 单步式
      - 多步式
    - 附表
  - 现金流量表
  - 股东权益变动表

二、本章重点、难点

财务报表是对企业财务状况、经营成果和现金流量的结构性表述。财务报表至少应当包括资产负债表、利润表、现金流量表、所有者权益变动表。企业编制会计报表的主要目的，是为了帮助会计报表使用者进行经济决策提供会计信息。

会计报表按不同的标准可以划分成不同的类别，按经济内容分为财务状况报表和经营成果报表，财务状况报表主要有企业的资产负债表、现金流量表、所有者权益变动表；经营成果报表主要有企业的利润表。

资产负债表是反映企业在某一特定的日期财务状况的报表。资产负债表的建立依据是会计等式“资产=负债+所有者权益”。资产负债表的内容主要包括资产、负债、所有者权益三个方面，是按照规定的项目顺序，对企业某一特定日期的资产、负债、所有者权益加以适当的排列而成的。股东权益（所有者权益）增减变动表，是反映企业在某一特定日期股东权益增减变动情况的报表。利润表是反映企业在某一会计期间的经营成果的财务报表。它反映的经营成果是企业一定期间的收入与费用配比而形成的净收益（或净亏损）。利润表是按照“收入－费用=利润”的基本会计恒等式将企业一定期间的收入、费用和利润加以适当的排列而形成的。利润表根据利润形成的排列格式不同分为单步式和多步式两种。现金流量表是以收付实现制为基础，反映企业在一定会计期间现金和现金等价物流入和流出企业动态变化的会计报表。

会计报表分析是指以会计报表为主要依据，对企业的财务状况和经营成果进行评价和预测，为财务预测、决策提供依据的管理活动。

财务报表主要是由报表项目所构成，财务报表首先要对各项报表项目的数字变动和各报表项目之间的数量关系进行分析。在进行数量分析时，经常应用的分析方法主要有比较分析法、比率分析法、趋势分析法、因素分析法、同比分析法、本量利分析法等。

第二部分　实训练习

一、思考题

1. 为什么要编制会计报表？会计报表的作用是什么？
2. 会计报表的编制要求有哪些？
3. 会计报表的种类是如何划分的？
4. 我国利润表的结构和内容是如何规定的？
5. 怎样填制利润表“本月数”一栏的各个项目？
6. 怎样填制利润表“本年累计数”一栏？
7. 为什么要编制资产负债表？
8. 资产负债表的结构和内容如何？
9. 资产负债表项目的填列方法有哪几种？

二、单项选择题（从每小题的备选答案中选出一个正确答案，并将正确答案的序号填入括号内）

1. 按照经济业务内容分类，损益表属于（　　）。

A. 财务状况报表　　B. 财务成果报表

C. 费用成本报表　　D. 对外报表

2. 在填列资产负债表各项目时，（　　）。

A. 都可以按账户的余额直接填列

B. 必须对账户发生额进行分析才能填列

C. 多数项目可以直接根据账户余额填列，少数项目需要根据账户余额分析计算后填列

D. 少数项目可以直接根据账户余额填列，多数报表项目需要根据账户发生额分析计算后才能填列

3. 资产负债表的下列项目中需要根据几个总账账户汇总填列的是（　　）。

A. 短期借款　　B. 货币资金

C. 应付利息　　D. 应交税费

4. "预付账款"账户所属有关明细账户有贷方余额的，在资产负债表中应该列在（　　）项目内反映。

A. 负债　　B. 资产

C. 所有者权益　　D. 费用

5. "预收账款"账户所属有关明细账户有借方余额的，在资产负债表中应该列在（　　）项目内反映。

A. 负债　　B. 资产

C. 所有者权益　　D. 费用

三、多项选择题（从每小题的备选答案中选出至少两个正确答案，并将正确答案的序号填入括号内）

1. 通过资产负债表可以了解到（　　）。

A. 企业所掌握的经济资源及其构成

B. 企业资金的来源渠道及构成

C. 企业短期偿债能力

D. 企业的财务成果及其形成过程

2. 下列会计报表中，属于反映企业经营成果的对外报表是（　　）。

A. 资产负债表　　B. 利润表
C. 现金流量表　　D. 所有者权益变动表

3. 按照对象分类，下列报表属于对内报表的是（　　）。
A. 利润表　　B. 资产负债表
C. 制造费用表　　D. 产品生产成本表
E. 期间费用表

4. 按照会计报表编制主体的不同，会计报表可分为（　　）。
A. 个别会计报表　　B. 合并会计报表
C. 汇总会计报表　　D. 基层会计报表

5. 资产负债表包括的会计要素有（　　）。
A. 资产　　B. 负债
C. 费用　　D. 收入
E. 所有者权益

四、判断题（正确的在括号内打√，错误的在括号内打×）

1. 企业应当以持续经营为基础，根据实际发生的交易和事项，进行确认和计量，在此基础上编制财务报表。（　　）
2. 利润表是总括反映企业在一定时期内财务状况的动态报表。（　　）
3. 资产负债表是总括反映企业在某一特定期间内的经营成果的静态报表。（　　）
4. 现金流量表是以现金为基础编制的会计报表，这里的现金是指库存现金和银行存款。（　　）
5. 完整的会计报表系统包括资产负债表、利润表、现金流量表。（　　）
6. 编制会计报表的目的是为了满足会计信息使用者（包括本企业内部管理者和员工、投资者、债权人、潜在的投资者和债权人、上级主管部门、政府部门等）对会计信息的需求。（　　）
7. 股东权益增减变动表包括在年度会计报表中，是利润表的附表。（　　）
8. 资产负债表中可以不单独列示反映负债类项目中的短期借款、长期借款的信息项目。（　　）
9. 资产负债表的项目按照流动性从弱到强顺序排列。（　　）
10. 为了及时提供会计信息、保证会计信息的质量，会计报表中的项目与会

计科目是完全一致的，并以会计科目的本期发生额或余额填列。（　　）

11. 通过现金流量表可以分析现金流入和流出的原因，评价企业的偿债能力。（　　）

12. 编制资产负债表时，“应付工资”如有借方余额应列在表的左半部分。（　　）

13. 编制损益表时，如有投资损失，应以“－”号填列“投资收益”项目。（　　）

14. 我国会计制度规定采用报告式资产负债表。（　　）

15. 编制会计报表是企业账务处理程序的组成部分。（　　）

16. 资产负债表的“期末数”栏各项目主要是根据总账或有关明细账本期发生额直接填列的。（　　）

17. 利润表是按照“收入－费用＝利润”的基本会计恒等式将企业一定期间的收入、费用和利润加以适当的排列而形成的。（　　）

18. 资产负债表中“货币资金”项目，应主要根据“银行存款”各种结算账户的期末余额填列。（　　）

19. 资产负债表中“应收款项”项目，应根据“应收账款”账户所属各明细账户的期末借方余额合计填列。如“预付账款”账户所属有关明细账户有借方余额的也应包括在本项目内。如“应收账款”账户所属明细账户有贷方余额，应包括在“预付账款”项目内填列。（　　）

五、实务题

练习一

一、目的：掌握资产负债表中有关项目的编制方法。

二、资料：某企业某月有关总账科目及所属明细科目的期末余额如表所示。

单位：元

总账科目	借方	贷方	明细科目	借方	贷方
应收账款	38 000		甲公司	40 000	
			乙公司		2 000
预收账款	24 000		丙公司		36 000
			丁公司	12 000	

续表

总账科目	借方	贷方	明细科目	借方	贷方
应付账款	52 000		A单位 B单位 C单位	14 000 4 000	 70 000
预付账款	16 000		D单位 E单位	22 000 	 6 000
其他应收款	3 600		张亮 总务科	1 000 2 600	
其他应付款		4 000	工会代扣款	4 000	

三、要求：根据所给资料编制资产负债表中的相关项目，并且指出该项目所属类别。

练习二

一、目的：掌握资产负债表的编制方法。

二、资料：某企业200×年12月31日全部总分类科目及有关明细科目的余额如下表所示。

总分类科目及有关明细科目的余额

单位：元

总账科目	明细科目	借方金额	贷方余额	总账科目	明细科目	借方金 额	贷方余额
现金		800		短期借款			90 000
银行存款		60 000		应付账款			38 000
交易性金融资产		15 000			—丙单位	2 000	
应收账款		3 200			—丁单位		40 000
	—A单位		800	预收账款			6 000
	—B单位	4 000			—C单位		8 500
预付账款		10 000			—D单位	2 500	
	—甲单位		1 500	其他应付款			4 000
	—乙单位	11 500		应付职工薪酬			32 400

续表

总账科目	明细科目	借方金额	贷方余额	总账科目	明细科目	借方金 额	贷方余额
其他应收款		2 000		应交税费			10 000
	—总务科	1 800		应付股利			20 000
	—王宏	1 200		应付利息			800
原材料		70 000		长期借款			30 000
生产成本		32 000		实收资本			550 000
产成品		65 000		盈余公积			24 000
应收利息		1 200		利润分配			74 000
持有至到期投资		11 600			未分配利润		74 000
固定资产		618 400					
累计折旧			10 000				
合计		891 500	12 300			4 500	883 700

练习三

一、目的：掌握利润表的编制方法。

二、资料：企业 200×年末各损益类账户累计净发生额有："主营业务收入" 2 280 000 元，"主营业务成本" 1 600 000 元，"营业税金及附加" 6 000 元，"销售费用" 5 000元，"其他业务收入" 35 000 元，"其他业务支出" 30 000 元，"营业外收入" 1 000 元，"营业外支出" 2 000 元，"管理费用" 20 000 元，"财务费用" 6 000 元，投资收益 2 000 元。所得税税率 33%。

三、要求：

1. 根据以上资料计算企业所得税，要求写出计算过程。(以利润总额为计算依据，假设无其他纳税调整事项)

2. 根据以上资料编制利润表。

第三部分　参考答案

二、单项选择题

1. B　2. C　3. B　4. A　5. B

三、多项选择题

1. ABC　2. BD　3. CDE　4. AB　5. ABE

四、判断题

1.√　2.×　3.×　4.×　5.×　6.√　7.×　8.×
9.×　10.×　11.√　12.×　13.√　14.×　15.√　16.×
17.√　18.×　19.×

五、实务题

练习一

1. 应收账款　40 000 + 12 000 = 52 000　资产类
2. 预收账款　2 000 + 36 000 = 38 000　负债类
3. 应付账款　70 000 + 6 000 = 76 000　负债类
4. 预付账款　14 000 + 4 000 + 22 000 = 40 000　资产类
5. 其他应收款　1 000 + 2 600 = 3 600　资产类
6. 其他应付款　4 000　负债类

练习二

资产负债表

编制单位：　200×年12月31日　单位：元

资产	行次	年初数	期末数	负债和所有者权益（或股东权益）	行次	年初数	期末数
流动资产				流动负债			
货币资金			60 800	短期借款			90 000
交易性金融资产			15 000	交易性金融负债			
应收票据				应付票据			
应收账款			6 500	应付账款			41 500
预付账款			13 500	预收账款			9 300
应收利息			1 200	应付职工薪酬			32 400
应收股利				应交税费			10 000
其他应收款			2 000	应付利息			800
存货			167 000	应付股利			20 000
其中：消耗性生物资产				其他应付款			4 000

续表

资产	行次	年初数	期末数	负债和所有者权益（或股东权益）	行次	年初数	期末数
一年内到期的非流动资产				一年内到期的非流动负债			
其他流动资产				其他流动负债			
流动资产合计			266 000	流动负债合计			208 000
非流动资产				非流动负债			
可供出售金融资产				长期借款			30 000
持有至到期投资			11 600	应付债券			
长期应收款				长期应付款			
长期股权投资				专项应付款			
投资性房地产				预计负债			
固定资产			608 400	递延所得税负债			
在建工程				其他非流动负债			
工程物资				非流动负债合计			30 000
固定资产清理				负债合计			238 000
生产性生产物资产				所有者权益（或股东权益）			
油气资产				实收资本（或股本）			550 000
无形资产				资本公积			
开发支出				盈余公积			24 000
商誉				未分配利润			74 000
长期待摊费用				减：库存股			
递延所得税资产				所有者权益（股东权益）合计			648 000
其他非流动资产							
非流动资产合计			620 000				
资产合计			886 000	负债和所有者权益合计			886 000

练习三

1. 计算所得税

利润＝2 280 000＋35 000＋1 000＋2 000－1 600 000－6 000－5 000－30 000
－2 000－20 000－6 000＝649 000（元）

应交所得税 = 649 000 × 33% = 214 170（元）

2. 编制利润表

利润表

编制单位　　　　　　　　200×年 12 月　　　　　　　　单位：元

项　目	行次	本月数	本年累计数
一、营业收入			2 315 000
减：营业成本			1 630 000
营业税金及附加			6 000
营业费用			5 000
管理费用			20 000
财务费用			6 000
资产减值损失			
加：公允价值变动收益			
投资收益			2 000
二、营业利润			650 000
加：营业外收入			1 000
减：营业外支出			2 000
三、利润总额			649 000
减：所得税			214 170
四、净利润			434 830
五、每股收益：			
（一）基本每股收益			
（二）稀释每股收益			

第九章

账务处理程序

第一部分 实训指导

一、本章主要内容

财务处理程序
- 记账凭证账务处理
- 科目汇总表账务处理
- 汇总记账凭证账务处理
- 多栏式日记账账务处理
- 日记总账账务处理

二、本章重点、难点

账务处理程序是指会计凭证、会计账簿、会计报表相结合的方式。包括会计凭证和账簿的种类、格式，会计凭证与账簿之间的联系方法，由原始凭证到编制记账凭证、登记明细分类账和总分类账、编制会计报表的工作程序和方法。我国企业、机关、事业等单位会计核算一般采用的账务处理程序主要有记账凭证账务处理程序、科目汇总表账务处理程序、汇总记账凭证账务处理程序、多栏式日记账账务处理程序和日记总账账务处理程序五种。以上五种账务处理程序有很多相同之处，比如，登记各种日记账和明细分类账，不论是在记账凭证账务处理程序下，还是在其他账务处理程序下，在做法上基本是相同的。但是，将各种账务处理程序相比较，也存在着差异，其主要区别表现在各自登记总分类账的依据和方法不同。每种账务处理程序都有其优缺点和适用范围，但是记账凭证账务处理程序是最基本的形式。

第二部分　实训练习

一、思考题

1. 什么是账务处理程序？主要种类有哪些？
2. 什么是记账凭证账务处理程序？其特点有哪些？
3. 科目汇总表账务处理程序和记账凭证账务处理程序的主要区别是什么？
4. 合理的账务处理程序的要求是什么？
5. 如何编制科目汇总表？

二、单项选择题（从每小题的备选答案中选出一个正确答案，并将正确答案的序号填入括号内）

1. 各种账务处理程序的主要区别在于（　　　）。
   A. 登记明细分类账依据不同　　B. 登记总分类账的依据不同
   C. 凭证组织不同　　D. 账簿组织不同
2. 关于汇总记账凭证账务处理程序，下列说法正确的有（　　　）。
   A. 汇总付款凭证按现金、银行存款账户的借方设置，并按其对应的贷方归类汇总
   B. 汇总收款凭证按现金、银行存款账户的借方设置，并按其对应的借方账户归类汇总
   C. 能反映账户之间的对应关系
   D. 能起到试算平衡的作用
3. 关于科目汇总表账务处理程序，下列说法正确的有（　　　）。
   A. 登记总账的直接依据是记账凭证
   B. 登记总分类账的直接依据是科目汇总表
   C. 编制会计报表的直接依据是科目汇总表
   D. 与记账凭证账务处理程序相比较，增加了一道编制汇总记账凭证的程序
4. 汇总付款凭证是（　　　）。
   A. 收款凭证上的借方科目定期汇总
   B. 收款凭证上的贷方科目定期汇总
   C. 付款凭证上的借方科目定期汇总
   D. 付款凭证上的贷方科目定期汇总

5. 日记总账账务处理程序的特点是（　　）。

A. 根据各种记账凭证直接逐笔登记总分类账

B. 根据各种记账凭证直接逐笔登记日记总账

C. 根据各种记账凭证直接逐笔登记明细分类账

D. 根据各种记账凭证直接逐笔登记日记账

三、多项选择题（从每小题的备选答案中选出至少两个正确答案，并将正确答案的序号填入括号内）

1. 为了便于填制汇总转账凭证，平时填制转账凭证时，应当尽可能使账户的对应关系保持（　　）。

A. 一借一贷　　B. 一借多贷

C. 一贷多借　　D. 多借多贷

2. 记账凭证账务处理程序的优点是（　　）。

A. 在记账凭证上能够清晰地反映账户之间的对应关系

B. 在总分类账上能够比较详细地反映经济业务的发生情况

C. 总分类账登记方法易于掌握

D. 可以减轻总分类账的登记工作

E. 账页耗用较少

3. 各账务处理程序的相同之处有（　　）。

A. 编制记账凭证的直接依据相同

B. 编制会计报表的直接依据相同

C. 登记总分类账的直接依据相同

D. 登记明细账的直接依据相同

4. 汇总记账凭证的编制应当遵循下列原则（　　）。

A. 汇总收款凭证按现金、银行存款账户的借方设置，并按其对应的贷方账户归类汇总

B. 汇总转账凭证按现金、银行存款账户的贷方账户设置，并按其对应的借方归类汇总

C. 汇总转账凭证应当按照每一账户的贷方科目分别设置，并按其对应的借方科目归类汇总

D. 汇总转账凭证在转账业务不多的单位也可以不编制

5. 科目汇总表各单位可根据实际情况的需要，每日或（　　）编制一次。

A. 每 3 日　　　　B. 每 5 日
C. 每旬　　　　D. 每月

四、判断题（正确的在括号内打√，错误的在括号内打×）

1. 账务处理程序就是指记账程序。（　　）

2. 汇总记账凭证能够反映各账户之间的对应关系，又能对一定期间的所有账户的发生额起到试算平衡的作用。（　　）

3. 编制科目汇总表时，为了便于科目归类汇总，要求所有的记账凭证中科目对应关系只能是一个借方科目与一个贷方科目相对应。（　　）

4. 日记总账是一种兼具序时账簿和分类账簿两种功能的联合账簿。（　　）

5. 各种账务处理程序下采用的总分类账均为借、贷、余三栏式。（　　）

五、实务题

一、目的：练习记账凭证账务处理程序。

二、资料：森林公司 200× 年 1 月有关资料如下：

（一）各总分类账户的期初余额如下：

账户名称	借方余额	账户名称	贷方余额
现金	2 880	短期借款	250 000
银行存款	108 400	应付账款	101 510
应收账款	162 200	应付职工薪酬	13 360
其他应收款	620	应交税费	10 020
原材料	84 500	应付股利	9 170
生产成本	82 545	预提费用	6 980
库存商品	157 355	累计折旧	39 600
固定资产	300 000	实收资本	440 000
		盈余公积	18 420
		利润分配	9 440
合计	898 500		898 500

（二）有关明细分类账的期初余额如下：

1. 原材料明细分类账

A 材料	2 150 千克	单价 20 元	金额 43 000 元
B 材料	1 660 千克	单价 25 元	金额 41 500 元

2. 应收账款明细账

宏伟公司	67 200 元
胜利公司	62 500 元
张弛公司	2 500 元

（三）1 月份发生以下经济业务：

1. 2 日，收到宏伟公司的前欠账款 67 200 元，存入银行。

2. 3 日，采购员张三预借差旅费 2 000 元，以现金支付。

3. 3 日，购买 A 材料，价款 50 000 元，款项以银行存款付清。

4. 3 日，购入 B 材料 500 公斤，每公斤 40 元。买价合计 20 000 元，货款尚未支付。

5. 4 日，以银行存款支付上述购入 B 材料的运杂费 600 元。

6. 6 日，B 材料验收入库，结转材料成本。

7. 6 日，收到某公司投资 70 000 元，款项已送存银行。

8. 7 日，生产产品领用 A 材料 30 000 元，B 材料 20 000 元。

9. 8 日，公司管理部门领用 B 材料 300 元。

10. 9 日，计提固定资产折旧 15 000 元，其中生产车间 10 000 元，管理部门 5 000 元。

11. 9 日，分配本月工资费用 90 000 元，其中生产工人工资 60 000 元，车间管理人员工资 20 000 元，公司管理人员工资 10 000 元。

12. 11 日，按工资总额 14%计提福利费。

13. 12 日，公司以银行存款支付产品广告费 700 元。

14. 12 日，销售乙产品 100 件，单价 600 元，全部款项收存银行。

15. 16 日，预提本月应负担的短期借款利息 3 200 元。

16 .17 日，企业购买办公用品 450 元，以银行存款支付。

17. 17 日，张三回来报销差旅费用 1 500 元，多余现金交回财会部门。

18. 18 日，企业以银行存款 8 000 元支付下一年度财产保险费。

19. 18 日，以现金支付职工医药费 600 元。

20. 19 日，销售给胜利公司产品 260 件，每件 250 元，增值税 11 050 元，款项尚未收到。

21. 20日，以银行存款支付销售产品运费800元。

22. 20日，以银行存款50 000元购买旧机器，以现金200元支付其运杂费。

23. 25日，以银行存款18 000元上交税金。

24. 28日，收到宏伟公司前欠的货款163 800元，存入银行。

25. 31日，应收张弛公司的货款2 500元，但该公司已经破产，转作坏账损失。

26. 31日，将本月发生的制造费用全部转入生产成本。

27. 31日，本月投产的产品全部完工验收入库，结转完工产品成本。

28. 31日，本月销售产品800件，每件成本220元，结转其销售成本。

29. 31日，将损益类账户结转本年利润。

30. 31日，按33%计算所得税，并结转本年利润。

31. 31日，按净利润的10%提取盈余公积。

32. 31日，按净利润的40%分配给投资者。

三、要求：

1. 根据资料（一），设置总分类账、现金日记账和银行存款日记账。
2. 根据资料（二），设置明细分类账。
3. 根据资料（三），编制收款凭证、付款凭证和转账凭证。
4. 根据记账凭证登记日记账、总账和明细账，并进行结账。
5. 根据总分类账户编制发生额及余额试算平衡表。
6. 根据总分类账和明细账编制资产负债表和利润表。

第三部分　参考答案

二、单项选择题

1. B　2. C　3. B　4. C　5. B

三、多项选择题

1. AC　2. ACD　3. ABD　4. ABC　5. CD

四、判断题

1. ×　2. ×　3. ×　4. √　5. √

五、实务题

1. 设置总分类账、现金日记账和银行存款日记账。(略)
2. 设置明细分类账。(略)
3. 编制收款凭证、付款凭证和转账凭证（简式)。

200×年		凭证号数	摘　要	会计科目		金额	
月	日			借方	贷方	借方	贷方
12	2	银收1	收回货款	银行存款		67 200	
					应收账款		67 200
12	3	现付1	预借差旅费	其他应收款		2 000	
					现金		2 000
12	3	银付1	买材料	原材料		50 000	
				应交税费		8 500	
					银行存款		58 500
12	3	转1	赊购材料	在途材料		20 000	
				应交税费		3 400	
					应付账款		23 400
12	4	银付2	付运费	在途材料		600	
					银行存款		600
12	6	转2	材料验收入库	原材料		20 600	
					在途材料		20 600
12	6	银收2	收到投资款	银行存款		70 000	
					实收资本		70 000
12	7	转3	生产产品领用材料	生产成本		50 000	
					原材料		50 000
12	8	转4	管理部门领用材料	管理费用		300	
					原材料		300
12	9	转5	计提折旧	制造费用		10 000	
				管理费用		5 000	
					累计折旧		15 000

续表

200×年		凭证号数	摘要	会计科目		金额	
月	日			借方	贷方	借方	贷方
12	9	转6	计算工资	生产成本		60 000	
				制造费用		20 000	
				管理费用		10 000	
					应付职工薪酬		90 000
12	11	转7	计提福利费	生产成本		8 400	
				制造费用		2 800	
				管理费用		1 400	
					应付职工薪酬		12 600
12	12	银付3	付广告费	销售费用		700	
					银行存款		700
12	12	银收3	销售产品收到货款	银行存款		70 200	
					主营业务收入		60 000
					应交税费		10 200
12	16	转8	预提短期借款利息	财务费用		3 200	
					预提费用		3 200
12	17	银付4	买办公用品	管理费用		450	
					银行存款		450
12	17	现收1	报销差旅费	管理费用		1 500	
				现金		500	
					其他应收款		2 000
12	18	银付5	支付下半年财产保险费	待摊费用		8 000	
					银行存款		8 000
12	18	现付2	支付职工医药费	应付职工薪酬		600	
					现金		600
12	19	转8	赊销产品	应收账款		76 050	
					主营业务收入		65 000
					应交税费		11 050

续表

200×年		凭证号数	摘要	会计科目		金额	
月	日			借方	贷方	借方	贷方
12	20	银付6	支付产品运费	销售费用		800	
					银行存款		800
12	20	银付7	购买设备	固定资产		50 200	
					银行存款		50 000
					现金		200
12	25	银付8	上交税款	应交税费		18 000	
					银行存款		18 000
12	28	银收4	收到前欠货款	银行存款		163 800	
					应收账款		163 800
12	31	转9	分配本月制造费用	生产成本		32 800	
					制造费用		32 800
12	31	转10	结转本月完工产品成本	库存商品		151 200	
					生产成本		151 200
12	31	转11	结转本月销售成本	主营业务成本		17 600	
					库存商品		17 600
12	31	转12	结转收入	主营业务收入		125 000	
					本年利润		125 000
12	31	转13	结转成本费用	本年利润		40 950	
					主营业务成本		17 600
					管理费用		18 650
					财务费用		3 200
					销售费用		1 500
12	31	转14	计算应交所得税	所得税		27 736.5	
					应交税费		27 736.5
12	31	转15	结转所得税	本年利润		27 736.5	
					所得税费用		27 736.5
12	31	转16	提取法定盈余公积	利润分配		5 631.35	
					盈余公积		5 631.35

续表

200×年		凭证号数	摘要	会计科目		金额	
月	日			借方	贷方	借方	贷方
12	31	转17	分配投资者利润	利润分配		22 525.4	
					应付股利		22 525.4
12	31	转18	结转净利润	本年利润		56 313.5	
					利润分配		56 313.5

4. 记账凭证根据登记日记账、总账和明细账，并进行结账。（略）

5. 根据总分类账户编制发生额及余额试算平衡表。

本期发生额及余额试算平衡表

账户名称	期初余额		本期发生额		期末余额	
	借方	贷方	借方	贷方	借方	贷方
现金	2 800		500	2 800	580	
银行存款	108 400		371 200	137 050	342 550	
应收账款	162 200		76 050	231 000	7 250	
其他应收款	620		2 000	2 000	620	
原材料	84 500		70 600	50 300	104 800	
库存商品	157 355		151 200	17 600	290 955	
固定资产	300 000		50 200		350 200	
生产成本	82 545		151 200	151 200	82 545	
短期借款		250 000				250 000
应付账款		101 510		23 400		124 910
应付职工薪酬		13 360	600	102 600		115 360
应交税费		10 020	29 900	48 986.5		29 106.5
应付股利		9 170		22 525.4		31 695.4
预提费用		6 980		3 200		10 180
累计折旧		39 600		15 000		54 600
实收资本		440 000		70 000		510 000
盈余公积		18 420		5 631.35		24 051.35
利润分配		9 440	28 156.75	56 313.5		37 596.75
在途物资			20 600	20 600		
管理费用			18 650	18 650		
财务费用			3 200	3 200		

续表

账户名称	期初余额		本期发生额		期末余额	
	借方	贷方	借方	贷方	借方	贷方
销售费用			1 500	1 500		
制造费用			32 800	32 800		
主营业务成本			17 600	17 600		
主营业务收入			125 000	125 000		
待摊费用			8 000		8 000	
本年利润			125 000	125 000		
所得税费用			27 736.5	27 736.5		
合计	898 500	898 500	1 311 693.25	1 311 693.25	1 187 500	1 187 500

6. 根据总分类账和明细账编制资产负债表和利润表。

资产负债表

编制单位: 200×年 12 月 31 日 单位：元

资产	行次	年初数	期末数	负债和所有者权益（或股东权益）	行次	年初数	期末数
流动资产				流动负债			
货币资金		111 280	343 130	短期借款		250 000	250 000
交易性金融资产				交易性金融负债			
应收票据				应付票据			
应收账款		162 200	7 250	应付账款		101 510	124 910
预付账款			8 000	预收账款		6 980	10 180
应收利息				应付职工薪酬		13 360	115 360
应收股利				应交税费		10 020	29 106.5
其他应收款		620	620	应付利息			
存货		324 400	478 300	应付股利		9 170	31 695.4
其中：消耗性生物资产				其他应付款			
一年内到期的非流动资产				一年内到期的非流动负债			
其他流动资产				其他流动负债			

续表

资产	行次	年初数	期末数	负债和所有者权益（或股东权益）	行次	年初数	期末数
流动资产合计		598 500	837 300	流动负债合计		391 040	561 251.9
非流动资产				非流动负债			
可供出售金融资产				长期借款			
持有至到期投资				应付债券			
长期应收款				长期应付款			
长期股权投资				专项应付款			
投资性房地产				预计负债			
固定资产		260 400	295 600	递延所得税负债			
在建工程							
工程物资				其他非流动负债			
固定资产清理				非流动负债合计			
生产性生产物资产				负债合计		391 040	561 251.9
油气资产				所有者权益（或股东权益）			
无形资产				实收资本（或股本）		440 000	510 000
开发支出				资本公积			
商誉				盈余公积		18 420	24 051.35
长期待摊费用				未分配利润		9 440	37 596.75
递延所得税资产				减：库存股			
其他非流动资产				所有者权益（股东权益）合计		467 860	571 648.1
非流动资产合计		260 400	295 600				
资产合计		858 900	1 132 900				
				负债和所有者权益合计		858 900	1 132 900

利润表

编制单位： 200×年 月 单位：元

项 目	行次	本月数	本年累计数
一、营业收入		125 000	125 000
减：营业成本		17 600	17 600
营业税金及附加			
营业费用		1 500	1 500
管理费用		18 650	18 650
财务费用		3 200	3 200
资产减值损失			
加：公允价值变动收益			
投资收益			
二、营业利润		84 050	84 050
加：营业外收入			
减：营业外支出			
三、利润总额		84 050	84 050
减：所得税		27 736.5	27 736.5
四、净利润		56 313.5	56 313.5
五、每股收益：			
(一）基本每股收益			
(二）稀释每股收益			

第十章

会计工作组织

第一部分　实训指导

一、本章主要内容

- 会计工作组织
  - 会计规范
    - 会计法律规范
    - 会计道德规范
      - 业务素质
      - 能力素质
      - 道德品质
  - 会计人员
    - 会计人员职责
    - 会计人员权限
    - 会计人员专业职务
  - 会计机构
    - 会计机构设置形式
      - 设置单独会计机构
      - 不设置单独会计机构
      - 实行代理记账
    - 会计工作岗位责任制

- 会计法规规范体系
  - 会计法律
    - 《会计法》
    - 《证券法》相关内容
    - 《公司法》相关内容
    - 《中外合资经营企业法》相关内容
    - 《税法》等
  - 会计行政法规
    - 《企业财务会计报告条例》
    - 《总会计师条例》等
    - 《股票发行与交易暂行条例》等
  - 会计部门规章
    - 《企业会计准则》
    - 《企业会计制度》
    - 《会计基础工作规范》
    - 《会计档案管理》
    - 《会计从业资格管理办法》等

二、本章重点、难点

会计工作组织是指对会计机构的设置、会计人员的配备、会计业务的操作以及制定执行会计规范等各项工作的统筹安排。会计工作的组织形式一般有：集中核算和非集中核算两种。集中核算又称一级核算，是指把整个单位的会计工作主要集中在该单位的会计部门进行，单位内部各基层部门都不设置核算机构，不进行独立核算，不设置账簿，只对本部门发生的经济业务填制原始凭证或原始凭证汇总表，定期送交单位会计部门，由会计部门进行总分类核算和明细分类核算。非集中核算又称分散核算，是指单位的会计核算工作一部分集中进行，而另一部分则分散在内部各职能部门进行。单位各职能部门都设置会计机构，要填制凭证，登记账簿，进行成本计算，并定期编制会计报表，报送单位会计部门。单位会计部门主要是进行总分类核算和编制单位会计报表。

会计规范是管理会计活动，规范会计行为的法律、法令、条例、规章、制度和道德守则等的总和。

会计法律规范是指国家立法机构为管理会计工作而按立法程序制定和颁布的规范性文件的总称。我国现行的会计法律规范包括会计法律、会计行政法规、会计部门规章和单位内部会计制度。

会计道德规范是指会计人员的职业道德规范，它是一般社会公德在会计工作中的具体体现，是制约、引导会计人员行为，调整会计人员与社会、与相关利益集团以及会计人员之间的社会规范。企业会计人员的道德规范包括业务素质、能力素质和道德品质三方面。

会计机构是各单位办理会计事务的职能机构。会计机构的设置形式有：(1) 设置单独会计机构。(2) 不设置单独的会计机构，而在有关机构中设置专门的会计岗位，配备专职的会计人员，并制定会计主管人员，负责办理具体会计事务。(3) 可以实行代理记账。除以上两种形式外，一些规模较小的企业、事业单位、个体工商户等，不具备设置专门的会计机构或配备专职的会计人员条件的，其经济业务的会计处理可委托专门的中介机构代理进行。

会计工作岗位责任制是指会计机构内部，按照会计工作的内容和业务量以及会计人员的配备情况，将会计工作划分为若干相对独立的工作岗位，并规定每个岗位的职责与权限，建立相应的责任制度。建立健全岗位责任制，可以加强会计人员的责任感，提高会计人员的工作能力和效率，加强协作和监督，最终保证和提高会计工作的质量。

从事会计工作的人员在专业素质方面要具备一定的条件，即首先要取得会计从业资格证书。会计人员的职责主要有会计核算、会计监督。

会计人员的权限：

1. 有权要求本单位有关部门、人员认真遵守国家的财经纪律和财务会计制度。如有违反情况，会计人员有权拒绝付款、拒绝报销或拒绝执行，并向单位负责人报告。对于弄虚作假、营私舞弊、欺骗上级等违法乱纪行为，会计人员必须坚决拒绝执行，并向单位负责人或上级机关、财政部门报告。

2. 有权参与本单位编制计划、制定定额、签订经济合同等工作，并参加有关生产经营管理的会议。有权提出有关财务收支和经济效益方面的问题和意见。

3. 有权监督、检查本单位有关部门的财务收支、资金使用和财产保管、守法、计量等情况。

会计专业职务名称定为：会计员、助理会计师、会计师、高级会计师。大、中型企业要设置总会计师，主管本单位的经济核算和财务会计工作。小型企业要指定一名副厂长行使总会计师的职权。总会计师主管全厂的经济核算工作，并且直接对厂长负责。

第二部分 实训练习

一、思考题

1. 科学地组织管理会计工作有何重要意义？其基本要求有哪些？

2. 为何要制定会计工作规范，它包括哪些内容，你怎样认识会计规范在会计信息系统中的作用?

3. 会计机构如何设置?

4. 简述我国会计法律规范体系的构成。

5.《企业会计准则》的基本内容有哪些?

6. 会计工作组织的形式有哪些?各有何优缺点?

7. 何谓会计道德规范?

8. 简述对会计人员的基本要求。

9. 会计人员有哪些主要职责与权限?

10. 怎样保存会计档案?

11. 会计专业技术职务有哪些任职条件?

12. 为何要建立会计工作的岗位责任制?

13. 总会计师的基本职责和工作权限是什么?

二、单项选择题(从每小题的备选答案中选出一个正确答案,并将正确答案的序号填入括号内)

1. 按照我国《会计法》的规定,管理全国会计工作的部门是( )。

A. 国务院 B. 全国人民代表大会

C. 财政部 D. 中国注册会计师协会

2. 在大中型企业中,领导和组织企业会计工作和经济核算工作的是( )。

A. 注册会计师 B. 总会计师

C. 高级会计师 D. 厂长

3. 会计人员对不真实、不合法的原始凭证应( )。

A. 不予受理 B. 予以退回

C. 更正补充 D. 无权自行处理

4. 会计人员对于违反制度、法令的事项,不拒绝执行,又不向领导或上级机关、财政部报告的应( )。

A. 不负任何责任 B. 同有关人员负连带责任

C. 承担全部责任 D. 单独承担责任

5. 会计人员的职责中,不包括( )。

A. 决定经营方针 B. 实行会计监督

C. 编制预算 D. 进行会计核算

6. 企业年度会计报表的保管期限为( )。

A. 5年　　B. 15年
C. 永久　　D. 25年

7. 在一些规模较小、会计业务较简单的单位，可以（　　）。
A. 不单独设置会计机构
B. 单独设置会计机构
C. 在单位领导机构中设置会计人员
D. 在有关机构中配备专职会计人员

8. 集中核算与非集中核算在一个企业（　　）。
A. 可同时采用　　B. 必须区别采用
C. 不能同时采用　　D. 两者均可

9. 会计职业道德是一种（　　）。
A. 强制性规范　　B. 法律规范
C. 非强制性规范　　D. 道德规范

10. 会计人员办理交接手续，必须有监交人负责监交，其中会计机构负责人办理交接手续，其监交人是（　　）。
A. 财政部门领导　　B. 会计机构负责人
C. 单位负责人　　D. 其他会计人员

三、多项选择题（从每小题的备选答案中选出至少两个正确答案，并将正确答案的序号填入括号内）

1. 会计工作的组织主要包括（　　）。
A. 会计规范　　B. 会计人员的配备
C. 会计机构的设置　　D. 会计档案的保管

2. 会计人员和会计机构的主要职责有（　　）。
A. 进行会计核算　　B. 编制预算和财务计划
C. 实行会计监督　　D. 拟定本单位会计工作制度

3. 会计专业职务可分为（　　）。
A. 高级会计师　　B. 助理会计师
C. 总会计师　　D. 会计员

4. 会计人员的主要权限有（　　）。
A. 参与本单位编制计划
B. 检查本单位有关部门的财务收支
C. 对外签订经济合同

D. 督促本单位执行财经制度

5. 无论采用集中核算还是非集中核算，都应由厂部财务会计部门集中办理的业务有（ ）。

A. 企业对外的现金往来　　B. 材料的明细核算

C. 物资购销　　D. 债权债务的核算

6. 下列内容属于会计档案的有（ ）。

A. 会计凭证　　B. 会计账簿

C. 会计档案保管清册　　D. 银行存款余额调节表

7. 下列各项中属于会计部门规章的有（ ）。

A.《会计法》　　B.《企业会计准则》

C.《会计档案管理办法》　　D.《会计基础工作规范》

8. 独立核算单位的会计工作组织形式一般可分为（ ）。

A. 独立核算　　B. 非独立核算

C. 集中核算　　D. 非集中核算

9. 会计人员的工作岗位一般可分为（ ）。

A. 会计主管　　B. 出纳

C. 助理会计师　　D. 往来结算

10. 会计档案的定期保管期限为（ ）。

A. 三年　　B. 五年

C. 十五年　　D. 二十五年

四、判断题（正确的在括号内打√，错误的在括号内打×）

1. 会计人员的主要职责就是会计核算，即记账、算账、报账。（ ）

2. 会计人员对于违反国家统一财经制度规定的收支，可以根据具体情况酌情处理。（ ）

3. 大中型企业要设置总会计师，小型企业可由会计主管人员行使总会计师的职权。（ ）

4. 总会计师是单位行政领导成员，协助单位主要行政领导人工作，直接对单位主要行政领导人负责。（ ）

5. 集中核算就是把整个单位的会计工作主要集中在会计部门进行。（ ）

6. 企业的全部会计档案均应永久保存。（ ）

7. 企业会计工作的组织形式是统一领导，分级管理。（ ）

8. 会计职业道德是一种强制性规范。 （ ）

9. 会计工作交接之后，监交人员应当对所移交的会计资料的真实性、完整性负责。 （ ）

10. 对于不具备设置会计机构条件的单位，应由代理记账业务的机构完成其会计工作。 （ ）

第三部分 参考答案

二、单项选择题

1.C 2.B 3.A 4.B 5.A 6.C 7.A 8.A
9.C 10.C

三、多项选择题

1.ABCD 2.ABCD 3.ABD 4.ABD 5.ACD
6.ABCD 7.BCD 8.CD 9.ABD 10.ABCD

四、判断题

1.× 2. × 3.× 4.√ 5.√ 6.× 7.× 8.×
9.× 10.√

21 世纪高职高专财经类系列教材

经济学基础				
经济法概论				
财政与税收（第三版）	单惟婷	主编	35.00	2009.11 出版
管理学基础				
国际贸易				
统计学基础	湛继红	主编		
基础会计	田玉兰　郭晓红	主编	26.50 元	2007.04 出版
基础会计实训与练习	田玉兰　郭晓红	主编	17.50 元	2007.04 出版
新编基础会计及实训	周　峰　尹　莉	主编	33.00 元	2009.01 出版
财务会计（第二版）	尹　莉	主编	40.00 元	2009.09 出版
财务会计学习指导与实训	尹　莉	主编	24.00 元	2007.09 出版
成本会计	孔德兰	主编	25.00 元	2007.03 出版
（普通高等教育“十一五”国家级规划教材）				
成本会计实训与练习	孔德兰	主编	19.50 元	2007.03 出版
（普通高等教育“十一五”国家级规划教材辅助教材）				
管理会计	周　峰	主编	25.50 元	2007.03 出版
管理会计学习指导与训练	周　峰	主编	16.00 元	2007.03 出版
财务管理（第二版）	黄惠玲	主编		
财务管理实训与实验	黄惠玲	主编		
会计电算化	潘上永	主编	40.00 元	2007.09 出版
（普通高等教育“十一五”国家级规划教材）				
会计电算化实训与实验	潘上永	主编	10.00 元	2007.09 出版
（普通高等教育“十一五”国家级规划教材辅助教材）				
资产评估				

主编简介

田玉兰，女，生于1967年，哈尔滨金融高等专科学校会计系专任教师，经济学教授，教育学硕士，研究方向为会计学，主讲课程有“会计基础”、“财务会计”、“管理会计”等。先后主编、主审过《基础会计》、《会计电算化实用教程》、《管理学基础》等多部教材，在《绿色财会》、《物流科技》等杂志发表论文20余篇。主持4项省级课题，参与3项省级课题的研究。其中主持全国教育科学“十五”规划教育部重点课题《职业教育教学改革的研究与实验》子课题——《高职高专题库建设与考教分离问题的研究与实践》荣获黑龙江省高等教育学会优秀高等教育科学研究成果二等奖。

郭晓红，女，汉族，生于1971年，山西原平人。福建金融职业技术学院院长助理兼教务处处长，副教授，管理学硕士。具有会计师、注册会计师、注册资产评估师、房地产估价师、注册会计师证券期货行业审计等多项从业资格。曾被中共福建省委教育工作委员会授予“优秀共产党员”称号，福建省人事厅、教育厅联合表彰为“福建省优秀教师”。长期从事会计教学及理论研究工作，主要研究方向为财务会计、财务管理。曾先后在国内CN刊物上发表论文14篇，统编教材4本，参与2项省社科联课题。